RAUS AUS DER STRESSFALLE

Die besten Strategien gegen Burnout & Co.

Dr. Wolfgang Lalouschek

RAUS AUS DER STRESSFALLE

DIE BESTEN STRATEGIEN GEGEN BURNOUT & CO.

Bildnachweis:

Coverfoto: Losevsky Pavel/shutterstock
PhotoAlto/Frédéric Cirou: S. 10, 12
Atelier 21: S. 94, 107, 134
Alle restlichen Fotos: iStockphoto.com
Autorenfoto beigestellt

Impressum:

Autor: Univ.-Prof. Dr. Wolfgang Lalouschek
Lektorat: Büro Hamtil
Cover: Andrea Barth, www.guter-punkt.de
Grafische Gestaltung: Beatrix Kutschera, www.atelier21.at
Technische Betreuung: Johann Kutschera, www.atelier21.at
Druck: General Druckerei GmbH, Ungarn

www.kneippverlag.com

ISBN: 978-3-7088-0498-9

1. Auflage, September 2010

Inhalt

DAS HERZ DES JÄGERS RAST. Sein Gehirn und seine Sinne arbeiten auf Hochtouren, um den Plan seines Gegenübers zu durchschauen. Keine noch so winzige Zuckung des Feindes entgeht seinen geschärften Sinnen. Seine Muskulatur ist maximal durchblutet, alle Organe, die nicht lebensnotwendig sind, befinden sich im Ruhezustand. Der Blutzucker ist angestiegen, um den Muskeln maximale Leistung zu ermöglichen. Die Blutgerinnung ist aktiviert, damit er im Fall einer Verletzung nicht verblutet. Zu diesem Zweck ist auch die Durchblutung in Händen und Füßen vermindert – die Hände, mit denen er den Speer umklammert, sind eiskalt. Er ist nicht sicher, ob er kämpfen oder fliehen soll – der Bär, der ihm gegenübersteht, kann ihn mit einem Prankenhieb töten. Doch der Winter ist lang, und er und seine Familie brauchen dringend Fleisch und ein wärmendes Fell. Er setzt alles auf eine Karte und schleudert den Speer mit maximaler Kraft in die Brust des Bären. Ein riesiges Gebrüll hebt an, und der Jäger stürzt sich mit einem Aufschrei dem Bären entgegen, um ihm das Messer in den Körper zu stoßen. Er riecht die Ausdünstungen des Bären und dessen Atem. Brennende Schmerzen durchfahren seinen Körper, als ihm die Pranken des Bären den Rücken aufreißen. Mühelos hebt dieser ihn in die Höhe, und der Jäger rechnet mit dem vernichtenden Schlag. Doch Speer und Messer haben ihre Wirkung nicht verfehlt, und mit einem Aufstöhnen lässt ihn der Bär fallen und sinkt zu Boden. Der Kampf ist vorbei.
Daheim in der sicheren Höhle erzählt der Jäger seiner Familie von dem gefährlichen Kampf, und erst jetzt spürt er die Schmerzen von den vielen Wunden, die ihm der Bär zugefügt hat. Doch sein Immunsystem arbeitet auf Hochtouren, und binnen weniger Tage sind die Wunden geschlossen. Bereits kurz nach dem Kampf hatte sein Herz wieder normal geschlagen, der Blutdruck war gesunken, und ein tiefsitzendes Gefühl der Entspannung hatte ihn durchflutet.

EINE ANDERE GESCHICHTE: An diesem Morgen will Petra nicht aufstehen. Auch in den vergangenen Wochen hat sie sich jeden Morgen aus dem Bett quälen müssen und beim Gedanken an den kommenden Tag entsetzlich schwach gefühlt. Heute schafft sie es nicht mehr aufzustehen. Ihr Mann wird die Kleine in den Kindergarten bringen, und sie muss ihrem Chef irgendwie klarmachen, dass sie heute nicht kom-

men kann. Sie weiß nicht mehr, wie sie das alles schaffen soll mit den Kindern, dem Haushalt und der anstrengenden Arbeit. Noch dazu, wo ihr Chef immer mehr von ihr verlangt und sie von ihren Kollegen immer wieder benachteiligt wird – bei der Zuteilung von Arbeiten, der Urlaubsplanung und vielem mehr. Zeitweise fühlt sie sich richtiggehend gemobbt. Gleich nach der Arbeit hetzt sie zum Kindergarten, macht Einkäufe und erledigt beim Nachhausekommen den Haushalt. Schlafen kann sie auch nicht mehr, in der Nacht bedrängen sie die Sorgen: Wie soll sie das alles schaffen? Sie macht lange Listen, was alles zu erledigen ist.
Bereits seit einigen Monaten hat sie ein unangenehmes Geräusch im Ohr und immer wieder Magenschmerzen. Im Büro, aber auch nachts im Bett hat sie manchmal richtige Panikattacken mit Herzklopfen, Schweißausbrüchen und Angstgefühl.

BEIDE GESCHILDERTEN PERSONEN sind im Stress. Doch wie unterschiedlich sind die Auswirkungen! Dem Jäger hilft die Stressreaktion, besser zu reagieren, um den gefährlichen Kampf lebend zu überstehenden. Der Stress lässt seine Wunden schneller heilen. Die körperlichen Auswirkungen der Stressreaktion klingen bald nach dem Kampf wieder ab, um einer tiefen Entspannung zu weichen.
Im Gegensatz dazu macht der lang andauernde Stress Petra krank: die Vielzahl an zu bewältigenden Aufgaben, der soziale Druck bis hin zum Mobbing, das Fehlen einer Vertrauensperson, der sie all das erzählen und sich so den Stress von der Seele reden könnte, die durchwachten Nächte, in denen ihre Gedanken unaufhörlich kreisen – all das halten Körper und Seele auf Dauer nicht aus.

Während unser erstes Beispiel die Überlebensnotwendigkeit der Stressreaktion zeigt, sehen wir am Beispiel von Petra die krankmachenden Folgen von lang andauerndem übermäßigem Stress, den sie mit Millionen von Menschen in unserer Gesellschaft teilt. Doch wann wird der positive zum negativen Stress? Woher kommt die Stressreaktion überhaupt, und was bewirkt sie in Körper und Seele? Was können wir gegen zu viel Stress tun? Und worin liegt unser eigener Beitrag am Aufrechterhalten krankmachender Situationen?

STRESS – WOHER ER KOMMT UND WAS ER BEDEUTET

Die Stress-Epidemie

„Ich habe so viel Stress." „Bei uns in der Firma sind alle im Stress." Wenn wir uns umsehen, bekommen wir den Eindruck einer richtigen Stress-Epidemie. Stress stellt eine allgegenwärtige Belastung in unserem Leben dar. Stress kann sogar so etwas wie ein Statussymbol sein: Wer keinen Stress hat, mit dem stimmt irgendetwas nicht. Wer nicht in Eile ist, wer nicht von einem Termin zum nächsten hetzt, scheint in der heutigen Gesellschaft nicht viel wert zu sein. Wie viel Stress haben wir aber tatsächlich? Untersuchungen haben bestätigt, dass arbeitsbedingter Stress eine der größten Bedrohungen für die Gesundheit von Arbeitnehmern in den westlichen Ländern darstellt. Große Befragungen haben gezeigt, dass fast jeder dritte Beschäftigte unter arbeitsbedingtem Stress leidet. Über die Hälfte aller Krankenstände steht mit Stressproblemen in Zusammenhang. Psychische Erkrankungen, von denen viele durch Stress begünstigt werden, haben mittlerweile die orthopädischen Erkrankungen als führende Ursache von Krankenständen und Frühpensionierungen abgelöst. Laut Weltgesundheitsorganisation (WHO) gehen heute „weltweit mehr Arbeitstage durch psychische als durch physische Erkrankungen verloren", daher erklärten manche Forscher Stress zur „Plage des 21. Jahrhunderts".

Vom guten und vom schlechten Stress

Wenn wir von Stress sprechen, meinen wir meistens etwas Negatives, Schädliches. Im Gegensatz dazu kann Stress jedoch auch etwas sehr Positives und Gesunderhaltendes sein. Überlegen Sie einmal kurz, wie sehr Sie sich derzeit auf einer Skala von eins bis zehn von Stress belastet fühlen, wobei eins das völlige Fehlen von Belastung und zehn die maximale, gerade noch erträgliche Belastung bedeutet.

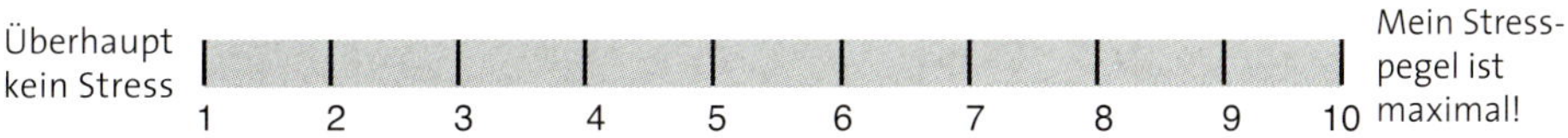

Wo stehen Sie derzeit rein subjektiv? Wie fühlt sich diese Position an? Und wo würden Sie am liebsten stehen? Was wäre an der Wunschposition anders? Was würden Sie da anders machen? Woran würden die Menschen in Ihrem Umfeld den Unterschied erkennen?

Möglicherweise wollen Sie gar nicht am untersten Ende der Skala stehen. Wenn ich diesen Test mit den Teilnehmern meiner Workshops mache, sagen viele, dass ihnen zu weit unten auf der Skala zu langweilig wäre, dass sie dort keine Energie hätten und dass sie sich dort nicht wohl fühlen würden.

»Stress ist die Würze des Lebens.«
Hans Selye

Erst durch ausreichende Anforderungen können Körper und Seele stark werden. Unsere Muskulatur wächst nur durch täglichen Gebrauch, erst durch entsprechende Aufgaben bleiben wir bis ins hohe Alter geistig und körperlich fit. Wird unserem Körper – wie zum Beispiel bei den Astronauten – die Anforderung durch die Schwerkraft genommen, verkümmern unsere Muskeln, die Knochen verlieren den Kalk und werden brüchig.

Und erst durch ausreichende Bewegung können wir unser Herz-Kreislauf-System gesund erhalten. Aber wie auch gut gemeinte, aber übermäßige körperliche Beanspruchung zu Muskelzerrungen und Gelenksschäden führen kann, so kann auch übermäßige Herausforderung in unserem Leben – sei es nun im Berufs- oder im Privatleben (oder gar in beidem) – für uns schädlich und sogar gefährlich werden.

Während also das richtige Maß an Anforderung unsere Leistungsfähigkeit steigert, fällt diese bei Überforderung stark ab: Wir vergessen Dinge, machen Fehler, werden orientierungslos und bekommen psychosomatische Symptome bis hin zu körperlichen und seelischen Erkrankungen. In diesem Zusammenhang spricht man also einerseits von positivem Stress („Eustress") und im anderen Fall von negativem Stress („Disstress"). Wann Stress vom positiven zum negativen Stress wird, ist individuell sehr unterschiedlich. Es hängt vor allem vom Verhältnis der Stärke des Stressauslösers zu den uns gerade zur Verfügung stehenden Kräften und Möglichkeiten – also unseren Ressourcen – ab.

Chronischer Stress macht krank

Oft fehlt uns heute die nötige Zeit für Erholung und Entspannung, da unser Organismus permanent in einem Zustand erhöhter Aktivierung gehalten wird. Dauert dieser Zustand zu lange an, verliert der Organismus allmählich seine natürliche Fähigkeit zur Selbstregulation. Daher können wir auch nicht mehr auf ein normales Ruheniveau zurückkehren, selbst wenn keine akute Belastung vorliegt. Unsere Muskeln bleiben verspannt, der Blutdruck bleibt erhöht, unsere Gedanken kreisen weiter. Durch das Fortbestehen der körperlichen und psychischen Stressreaktion kommt es zu Folgeschäden wie Herz-Kreislauf-Problemen, Blutzuckeranstieg oder seelischer Erschöpfung.

Auch unser Immunsystem, das der Krankheitsabwehr dient und unter akutem Stress besonders aktiviert wird, erschöpft sich bei chronischem Stress immer mehr und kann schlussendlich seine Funktion nicht mehr erfüllen.

Denn neben dem Ausmaß des Stresses hat der zeitliche Faktor eine entscheidende Bedeutung: Wir sind von der Natur sehr gut dafür ausgestattet, mit akuten, vorübergehenden Stress-Situationen fertig zu werden, selbst wenn diese massiv sind. So kann man etwa bei Fernsehsprechern unmittelbar vor Beginn der Sendung Blutdruckwerte über 200 mmHg und eine Herzfrequenz von 140/Minute finden. Diese Reaktion allein macht noch nicht krank, wenn darauf eine ausreichende Phase der Erholung und Entspannung folgt. Dauerhafte, chronische Stress-Situationen jedoch können gravierende gesundheitliche Schäden bewirken, auch wenn sie vom absoluten Ausmaß her nicht so stark sind wie andere vorübergehende. So führt beispielsweise schon eine geringe Dauerbelastung durch Geräusche oder geringen Lärm zu einem deutlichen Anstieg von Herz-Kreislauf-Erkrankungen und Stress-Symptomen.

Selbstschädigung bei Stress

Viele Menschen neigen gerade unter Stress zu Verhaltensweisen, die ihre Gesundheit noch mehr gefährden. Sie trinken mehr als gewöhnlich, rauchen oder essen unkontrolliert und ungesund. So versuchen wir, Stressgefühle in den Griff zu bekommen, und erhöhen doch nur das Risiko für weitere körperliche und seelische Probleme und Erkrankungen. Im Folgenden werden Sie immer wieder Kästen finden, die sich unter dem Titel „Lebensstil und Stress" mit genau diesem Phänomen beschäftigen. Hier ist gleich der erste:

LEBENSSTIL UND STRESS: DIE KAFFEEPAUSE ALS STRESSFAKTOR

Pausen zu machen, ist ein wesentlicher Teil guter Arbeit. Wenn wir allerdings die Pausen dazu nützen, starken Kaffee zu trinken, so bringen wir uns erst recht in einen Stresszustand! Koffein führt nämlich zur Ausschüttung von Stresshormonen in Nervensystem und Körper, Blutdruck und Puls steigen an, und wir nehmen Stressreize viel intensiver war. Auch in schwarzem Tee ist Koffein enthalten: Die Wirkung ist hier nicht so akut spürbar, dafür aber länger anhaltend ...

Kommen nun all diese besprochenen Faktoren zusammen, so droht die totale Erschöpfung, das Burnout-Syndrom, das zu einer richtigen Gesellschaftserkrankung geworden ist. Auf den folgenden Seiten werden Sie mehr davon erfahren.

TEST: MEINE DERZEITIGE STRESSBELASTUNG

Mit diesem Test haben Sie die Möglichkeit, Ihre momentane Stress-Situation einschätzen zu lernen (nach Kaluza 2007). Kreuzen Sie bei jeder Frage an, wie stark Sie ein bestimmtes Warnsignal verspüren, und zählen Sie danach die Punkte zusammen:

STRESSTEST

Körperliche Warnsignale	**stark**	**leicht**	**kaum/gar nicht**
Herzklopfen/Herzstechen	2	1	0
Engegefühl in der Brust	2	1	0
Atembeschwerden	2	1	0
Schlafstörungen	2	1	0
Chronische Müdigkeit	2	1	0
Verdauungsbeschwerden	2	1	0
Magenschmerzen	2	1	0
Appetitlosigkeit	2	1	0
Sexuelle Funktionsstörungen	2	1	0
Muskelverspannungen	2	1	0
Kopfschmerzen	2	1	0
Rückenschmerzen	2	1	0
Kalte Hände/Füße	2	1	0
Starkes Schwitzen	2	1	0

Emotionale Warnsignale	**stark**	**leicht**	**kaum/gar nicht**
Nervosität, innere Unruhe	2	1	0
Gereiztheit, Ärgergefühle	2	1	0
Angstgefühle, Versagensängste	2	1	0
Unzufriedenheit/Unausgeglichenheit	2	1	0
Lustlosigkeit (auch sexuell)	2	1	0

Kognitive Warnsignale	stark	leicht	kaum/gar nicht
Negative Gedankenspiralen	2	1	0
Konzentrationsstörungen	2	1	0
Leere im Kopf	2	1	0
Tagträume	2	1	0
Albträume	2	1	0
Leistungsverlust/häufige Fehler	2	1	0

Warnsignale im Verhalten	stark	leicht	kaum/gar nicht
Aggressives Verhalten gegenüber anderen, „aus der Haut fahren"	2	1	0
Fingertrommeln, Füßescharren, Zittern, Zähneknirschen	2	1	0
Schnelles Sprechen oder Stottern	2	1	0
Andere unterbrechen, nicht zuhören können	2	1	0
Unregelmäßiges Essen	2	1	0
Konsum von Alkohol oder Medikamenten zur Beruhigung	2	1	0
Vernachlässigung privater Kontakte	2	1	0
Höherer Zigarettenkonsum als gewünscht	2	1	0
Weniger Sport und Bewegung als gewünscht	2	1	0

BEWERTUNG:

0–10 Punkte: Sie können sich über Ihre relativ gute gesundheitliche Stabilität freuen. Ein Entspannungstraining wird bei Ihnen vor allem vorbeugende Wirkung haben.

11–20 Punkte: Die Kettenreaktionen von körperlichen und seelischen Stressreaktionen finden bei Ihnen bereits statt. Sie sollten möglichst bald damit beginnen, Ihre Kompetenzen zur Stressbewältigung zu erweitern.

21 und mehr Punkte: Sie stecken bereits tief im Teufelskreis der Verspannungen, emotionalen Belastungen und Gesundheitsstörungen. Sie sollten auf jeden Fall etwas gegen Ihren Stress und für mehr Gelassenheit, Ruhe und Leistungsfähigkeit tun.

Die Ursachen von Stress

Täglich wirkt eine Vielzahl von Stressoren auf uns ein. Diese stehen keineswegs ausschließlich im Zusammenhang mit Arbeitsbelastung und Zeitdruck. Es lohnt sich, die einzelnen Stressoren gesondert zu betrachten, da die Art der Stressreaktion auch von der Ursache abhängt. In der folgenden Tabelle finden Sie eine Einteilung von möglichen Stressoren:

EINTEILUNG DER STRESSOREN NACH HERKUNFT UND ART DER WAHRNEHMUNG

Exogene Stressoren	Endogene Stressoren
sensorisch/psychisch	
Erwartungsdruck/Arbeitsbelastung/ Termine/Verkehr/Flug Reizüberflutung/Jetlag/Zeitdruck Auseinandersetzungen/Aggression im sozialen Umfeld/Isolation Bedrohung durch Menschen/Tiere Naturereignisse (Hitze/Kälte/Feuer/etc.) Nahrungs-/Wasser-/Sauerstoffmangel Lärm/Verletzung/Blutverlust	Unangenehme Gefühle Schmerz/Angst/Furcht Hunger/Durst Krankheitsgefühl Versagensängste Wut/Scham Einsamkeit Aufregung/Anspannung Intrapsychische Konflikte Schlafstörungen Störung innerer Rhythmen
physisch/zellulär	
Körperliche Belastungen Verletzungen/Blutverlust Schädliche Strahlung Giftige Substanzen inkl. Nikotin, Krebserregende Substanzen/Alkohol Nahrungs-/Wasser-/Sauerstoffmangel Krankheitserreger	Erschöpfungszustände Entzündungen Autoimmunerkrankungen/Krebs Oxidativer Stress bei Zellatmung Schädliche Stoffwechselprodukte Zellschäden/Zellverluste

LEBENSSTIL UND STRESS: EIN GLÄSCHEN WEIN ZUR ENTSPANNUNG?

Die meisten von uns kennen das Gefühl, dass Alkohol uns entspannter, lockerer und fröhlicher machen kann. Doch im Hintergrund, im Stoffwechsel, passiert genau das Gegenteil: Alkohol selbst und seine Abbauprodukte aktivieren den Sympathikus (den aktivierenden Teil unseres Nervensystems) und versetzen den Körper damit in einen Stresszustand. Da wir Alkohol meistens abends trinken, ist der Sympathikus auch im Schlaf aktiviert, obwohl wir durch die gleichzeitig betäubende Wirkung des Alkohols scheinbar besser schlafen. Die Schlafqualität jedoch – die so genannte Schlafarchitektur mit ihrem Wechsel verschiedener Schlafphasen – ist massiv gestört!

Berufliche Stressfaktoren

Neben dieser sehr neutralen Einteilung von Stressoren gibt es in Ihrem Leben sicherlich einige Belastungen, die für Sie subjektiv besonders wichtig sind. In einer groß angelegten Umfrage eines deutschen Universitätskrankenhauses wurden folgende berufliche Ursachen in absteigender Häufigkeit als besonders belastend erlebt:

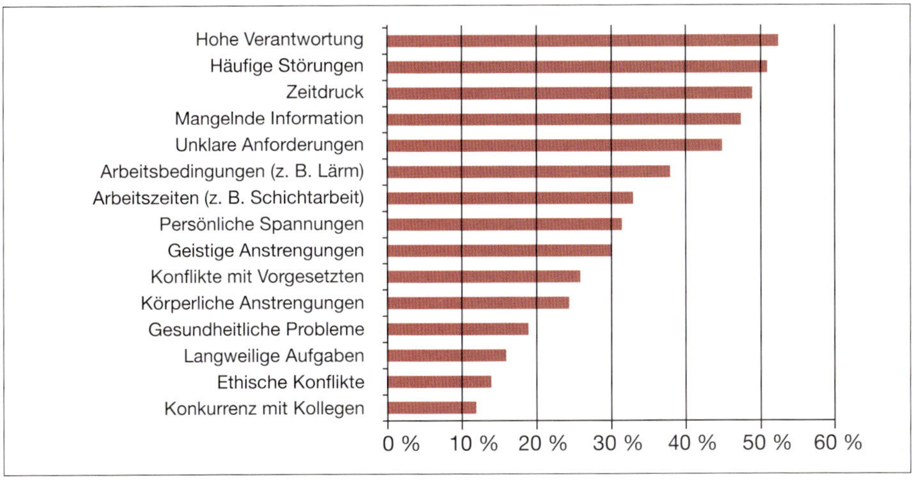

Wie die Abbildung zeigt, lagen die Belastungen weniger bei den materiellen Arbeitsbedingungen und den Arbeitsinhalten, sondern mehr im organisatorischen und sozialen Bereich. Dies entspricht auch den Ergebnissen von anderen Umfragen zu diesem Thema.

Alltagsbelastungen und Lebensereignisse

Neben den rein beruflichen Belastungen sind es häufig so genannte Alltagsbelastungen, die unser Leben beeinflussen. Besonders wichtig sind dabei lang andauernde oder immer wiederkehrende Belastungen. Hier kann es einerseits zu einer Überlastung durch zu viele gleichzeitige Anforderungen kommen oder aber auch zu Unzufriedenheit mit der alltäglichen Arbeit, wenn wir viele Verpflichtungen haben, zu denen wir selbst eigentlich gar nicht motiviert sind.

Alltagsbelastungen entstehen häufig auch in der Interaktion mit anderen Menschen in Form von Konflikten und Spannungen, Fehlen von Anerkennung oder sogar Zurückweisung.

Schließlich können auch kritische Lebensereignisse wie zum Beispiel Tod eines Partners, Geburt eines Kindes, Trennung, Umzug oder Arbeitsplatzwechsel wesentlich zu unserer Stressbelastung beitragen.

Was Stress für unseren Organismus bedeutet

Stress wirkt auf allen Ebenen unseres Organismus – der körperlichen, der psychischen und der zellulären Ebene. Diese sind vielseitig miteinander verbunden, vor allem über das Nervensystem und das Hormonsystem. Aus diesem Grund ist auch unser ganzer Organismus gefährdet, wenn wir einem Übermaß an Stress ausgesetzt sind: Stress auf jeder

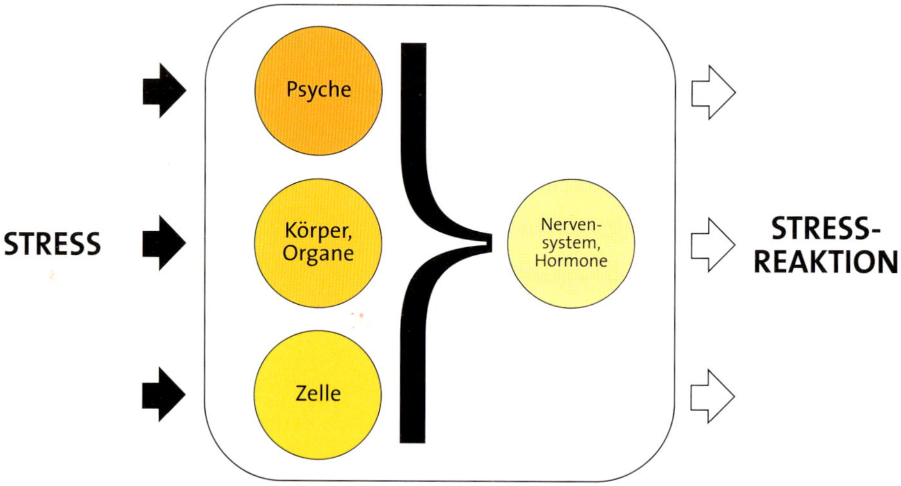

einzelnen dieser Ebenen hat Auswirkungen auf die anderen Ebenen. So führt zum Beispiel chronischer körperlicher Schmerz auch zu psychischen Folgeerscheinungen wie Depressionen, aber auch zu zellulären Folgeerscheinungen wie zum Beispiel einer Schädigung der Magenschleimhaut und einer verminderten Aktivität des Immunsystems.

Stress entsteht im Gehirn

Ob etwas für uns Stress darstellt oder nicht, ist massiv von unserer Bewertung des Stressfaktors abhängig: Die ersten wesentlichen Bewertungsreaktionen passieren in unserem Gehirn innerhalb von Sekundenbruchteilen und bevor wir sie überhaupt bewusst wahrnehmen. Die wesentliche Rolle dabei spielen der Hirnstamm und unser so genanntes limbisches System.

Im Hirnstamm sind die lebenswichtigen Zentren für die Regulation unseres Organismus versammelt: Herzschlag und Kreislauf, Atmung, Verdauung und andere lebenswichtige Funktionen. Das limbische System wiederum ist ein Netzwerk aus verschiedenen Nervenzentren, das die Entstehung von Gefühlen und deren Verknüpfung mit unseren Gedanken und einem bestimmten Verhalten steuert. Besonders bei angstbesetzten Situationen werden zwischen dem auslösenden Reiz und der Stressreaktion enge Verbindungen geknüpft, die kaum mehr rückgängig zu machen sind. Haben wir also in der Vergangenheit eine bestimmte Situation einmal oder mehrmals als gefährlich erlebt, so wird unser limbisches System auch in Zukunft in ähnlichen Situationen eine Angst- und Furchtreaktion auslösen.

LEBENSSTIL UND STRESS:
WENN DIE ENTSPANNUNGSZIGARETTE ZUM STRESS WIRD

Raucher sagen oft, dass eine Zigarette für sie entspannend wirkt. Dies mag aus psychologischer Sicht grundsätzlich auch stimmen, das Nikotin führt jedoch zur Ausschüttung von Stresshormonen in unserem Nervensystem und bringt unseren Körper damit in einen Alarmzustand. So wird die Zigarettenpause zum zusätzlichen Stressfaktor!

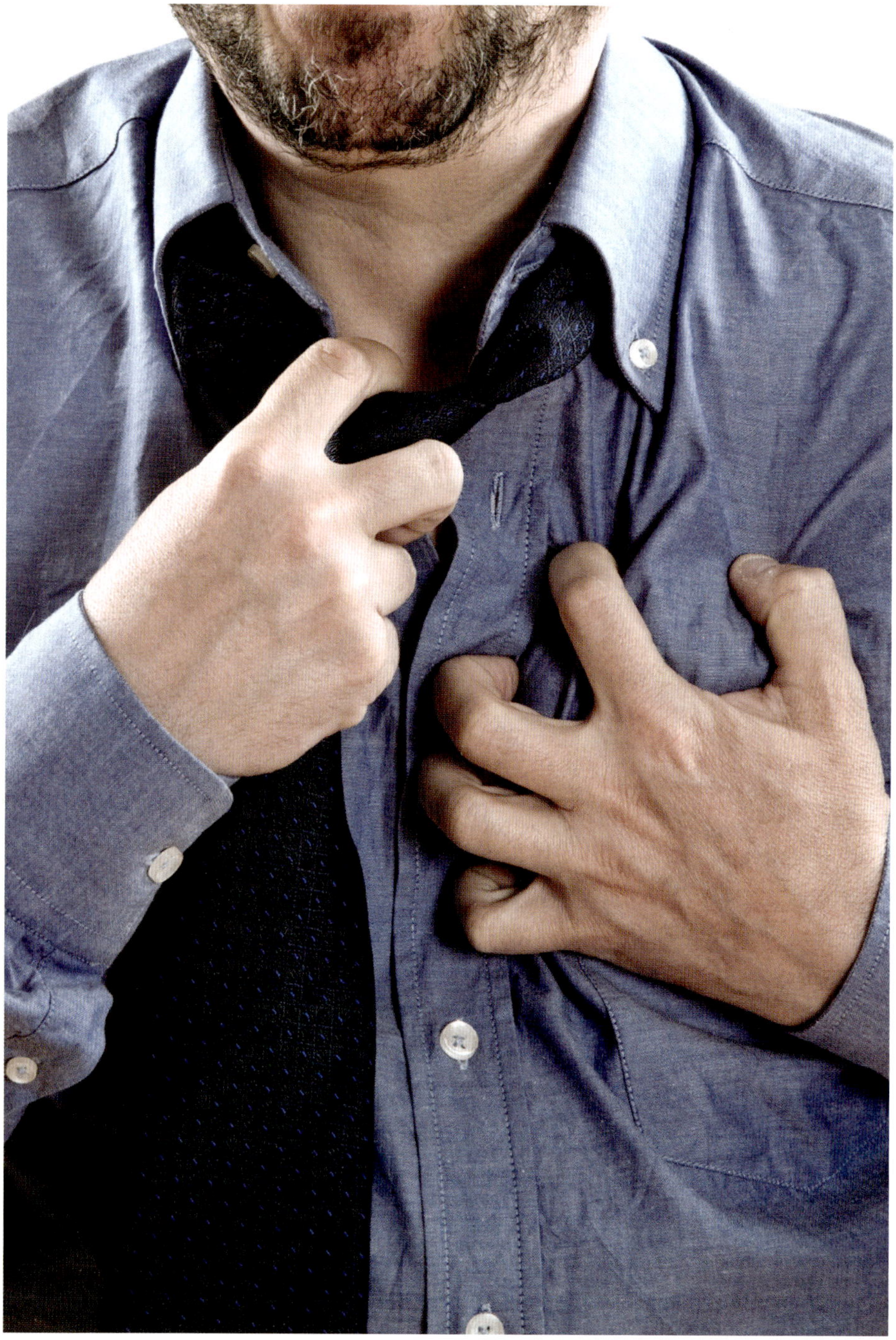

Die gesundheitlichen Folgen von Stress

»Where there's a heartache, there must be a heart.«
(Übers.: „Wo Herzschmerz ist, da muss ein Herz sein.") Astrud Gilberto

Zu starker oder lang anhaltender Stress erhöht das Risiko vieler Erkrankungen. Besonders wichtig sind Wechselwirkungen von körperlichem und psychischem Stress. So kommt es nach einem Herzinfarkt oder bei Krebs häufig zu Depressionen und Angstzuständen, die wiederum die körperliche Erkrankung verschlechtern.

Symptome als Signale – die Sprache unseres Körpers

So unangenehm körperliche und seelische Beschwerden auch sein mögen – wir können sie immer auch als Signale verstehen. Unser Körper und unsere Seele besitzen eine ihnen innewohnende Weisheit, die auf den Jahrmillionen unserer Stammesgeschichte beruht. Körper und Seele spüren genau, wenn uns etwas nicht gut tut, auch wenn wir vorerst davon nichts wissen wollen, weil wir zum Beispiel ein Ziel unbedingt erreichen wollen.

DER VOLKSMUND WEISS, WIE ORGANE SPRECHEN

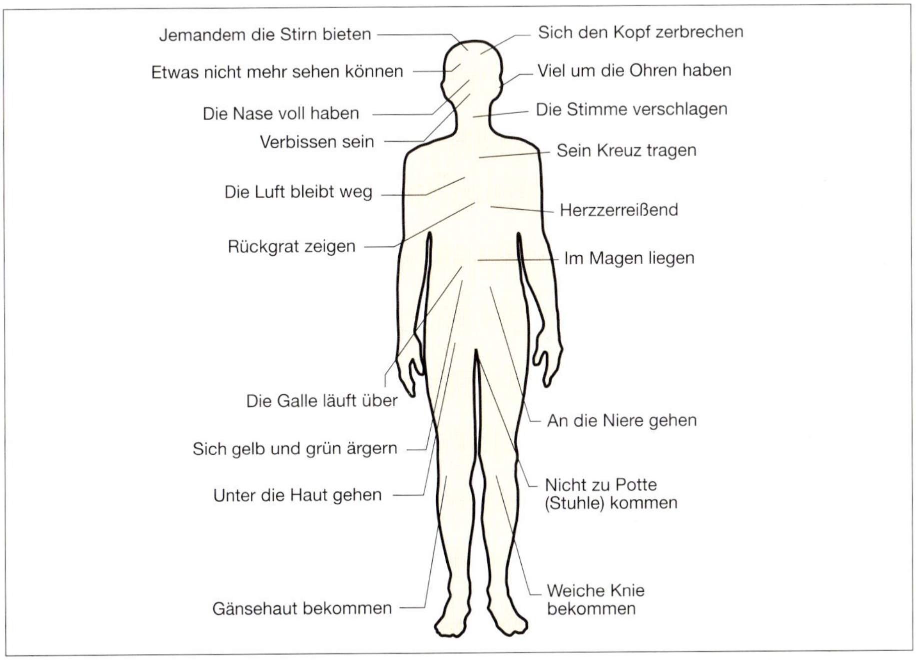

Wenn auch nicht jede Erkrankung als ein solches Signal zu verstehen ist – wir können auch bei bester Lebensführung erkranken oder zum Beispiel einen Unfall haben –, versuche ich im Gespräch mit den Menschen, die zu mir kommen, stets diese Sichtweise einzubringen. Wenn es uns gelingt, die Sprache unseres Körpers und unserer Seele zu entschlüsseln und zu befolgen, so sind sie die Wegweiser zu unserem Wohlbefinden.

Dazu das Fallbeispiel einer jungen Frau, die zu mir kam:

EIN VERTRAG MIT DEM MAGEN

Als die 25-jährige französische Studentin Daniela zu mir kam, berichtete sie mir von vielen Beschwerden: Seit zwei Monaten hatte sie Schmerzen in der linken Rumpfhälfte, im Schulter- und Hüftbereich, immer wieder Kopfschmerzen und ein Brennen in der Magengegend. Nachts wachte sie häufig auf und konnte nicht mehr einschlafen.

Daniela kam aus Paris – sie hatte dort ihr Studium begonnen – und war nun seit drei Monaten in Wien. Hier wollte sie ihr Studium an einem renommierten Institut für die nächsten zwei Jahre weiterführen, ihre Familie und ihr Freund waren in Paris. Bisher war sie stets gesund gewesen. Sie beschrieb sich selbst als eine Person, „die immer alles allein geschafft hat“, sie wollte immer gute Leistung erbringen, hatte mit Auszeichnung maturiert. In Wien sei sie jetzt aber nicht so erfolgreich, sie könne die ihr übertragenen Aufgaben nicht so gut erledigen, wie sie das gerne wollte. Der Schritt nach Wien komme ihr vor wie von einem alten guten in ein neues und belastendes Leben.

Auf einer Skala schätzte sie ihre Belastung bei sieben von zehn möglichen Punkten ein. Als wir konkret über ihre Belastungen sprachen – die Sehnsucht nach ihrem Freund, den Arbeitsstress, die mangelnde Orientierung im neuen Leben –, spürte sie ein immer stärkeres Brennen in der Magengegend.

Also fragte ich sie: „Einmal angenommen, Ihr Magen könnte sprechen: Was würde er jetzt wohl sagen?“

Nach einigen Sekunden antwortete Daniela: „Du achtest nicht mehr auf mich, arbeitest die ganze Zeit und gönnst dir und mir keine Erholung mehr!“

Als ich Daniela fragte, woran sie denn eine Verringerung der Belastung erkennen würde, antwortete sie: „Dann hätte ich mehr Zeit für mich, könnte ruhiger arbeiten und hätte mehr Kontakt zu meiner Familie.“

Als wir darüber sprachen, wie dies gelingen könnte, löste sich allmählich auch das Brennen in der Magengegend. Wir beendeten unser Gespräch folgendermaßen: Daniela schloss einen Vertrag mit ihrem Magen – sie würde seine Worte ernst nehmen, mehr

Pausen machen, beobachten, was ihr gut tut, und häufiger mit ihrer Mutter und ihrem Freund Kontakt aufnehmen.

In der nächsten Stunde berichtete sie mir freudig, dass der Vertrag mit dem Magen gut funktioniert habe, sie habe sich mehr Pausen gegönnt und habe gelernt, ihren Magen als Ratgeber und Antenne für ihr Wohlergehen zu benützen. So hatte sich ein unangenehmes Symptom in einen Vorteil für sie verwandelt – und das Beste daran: Sie war in unserem Gespräch selbst draufgekommen!

Im Lauf der nächsten Monate stellte sich in einigen weiteren Gesprächen heraus, dass eine bloße Entlastung vom Arbeitsdruck für Daniela nicht ausreichend war. Ihre Beschwerden waren auch Ausdruck dafür gewesen, dass sie sich in ihrer neuen Lebenssituation grundsätzlich nicht wohl fühlte. Nach einem halben Jahr beschloss Daniela, nach Frankreich zurückzukehren. Als wir etwa ein weiteres Jahr später nochmals Kontakt hatten, sagte sie über die damalige Zeit: „Mein Körper hat mich vieles gelehrt, unter anderem, dass ich meinem Ehrgeiz und dem Druck, den ich mir selbst auferlege, nicht immer nachgeben darf, sondern wirklich mehr auf meinen Bauch hören kann, um zu sehen, was mir gut tut."

LEBENSSTIL UND STRESS: BEWEGUNG INS LEBEN BRINGEN!

Es mag tatsächlich Erschöpfungszustände geben, bei denen zuerst einmal Nichtstun notwendig ist. Doch in den allermeisten Fällen ist es zur Stressbewältigung wichtig, dass wir ausreichend Bewegung machen. Nicht nur dass Bewegungsmangel auch mit Gewichtszunahme verbunden ist, können wir durch körperliche Bewegung die schädliche Wirkung der Stresshormone ausgleichen. Überdies hat regelmäßige körperliche Betätigung einen nachgewiesenen antidepressiven Effekt!

Stress und Psyche

Wie bereits erwähnt, ist die primäre Wirkung von Stresshormonen nützlich und überlebensnotwendig. Bei zu starkem Stress (z. B. einem seelischen Trauma) oder zu lang anhaltendem Stress (Dauerstress) können psychische Krankheiten die Folge sein. Depressionen gehören zu den häufigsten psychischen Störungen, und das Risiko, irgendwann im Lauf des Lebens eine (auch vorübergehende) Depression zu bekommen, liegt bei 10–15 Prozent. Frauen sind häufiger betroffen als Männer. Chronischer Stress erhöht das Risiko für Depressionen deutlich. Typische Symptome sind anhaltende Niedergeschlagenheit, Hoffnungslosigkeit, verminderter Antrieb, Angst, innere Unruhe, Verlust der sexuellen Lust, Schlafstörungen, bei schweren Fällen bis hin zu Selbstmordgedanken oder tatsächlichem Selbstmord(-versuch).

Stress und Schlaf

Kennen Sie das? Stundenlang wach zu liegen, die Gedanken gehen Ihnen nicht aus dem Kopf. Oder: immer wieder nachts aufzuwachen, vielleicht mit Herzklopfen, nach einem Albtraum, und sofort sind die Probleme des vorangegangenen und des nächsten Tages wieder im Kopf, nur jetzt erscheinen sie noch größer und unlösbarer. Angstgefühle kommen dazu und die Sorge, was alles nicht mehr zu schaffen ist. Und dann noch der Stress, möglichst bald wieder einschlafen zu können, damit man den nächsten Tag übersteht ...

Schlafstörungen sind eines der häufigsten Symptome bei Stress, sie äußern sich als Störung des Einschlafens und/oder des Durchschlafens. Können wir nicht ausreichend schlafen, sinkt unsere Problemlösungskapazität, wir sind gereizt, unkonzentriert und neigen zu ungesunden Verhaltensweisen.

Man weiß auch, dass unser Schlaf wichtig fürs Lernen und Gedächtnis ist. Bei Schlafentzug kommt es daher auch zu Gedächtnisverminderung und Lernstörungen.

Aus diesen Gründen ist es für mich besonders wichtig, auf die Schlafstörungen jener Menschen, die zu mir kommen, einzugehen.

Stress und körperliche Erkrankungen

Im Anschluss finden Sie eine Aufstellung der häufigsten Erkrankungen, die durch zu viel oder lang anhaltenden Stress entstehen können:

Herz-Kreislauf-Erkrankungen	Bei Menschen, die sich hohen Anforderungen bei niedrigen Entscheidungsmöglichkeiten ausgesetzt sahen, zeigte sich ein bis zu vierfaches Risiko einer Herz-Kreislauf-Erkrankung. Dauerstress am Arbeitsplatz und in der Familie erhöht das Herzinfarktrisiko bei Männern um mehr als das Doppelte, bei Frauen um das 1,5Fache. Bei Depressionen besteht ein vier- bis fünffaches Risiko von Herz-Kreislauf-Erkrankungen. Auch Wohnen bei hohem Verkehrslärm geht mit einem 30 Prozent höheren Herzinfarktrisiko bei Männern einher. Der Lebensstil hat einen wichtigen Einfluss auf Herz-Kreislauf-Erkrankungen: Rauchen, hoher Alkoholkonsum, Übergewicht, mangelnde Bewegung. Wie weiter oben beschrieben, führen Stressoren und Stressreaktionen bei vielen Menschen zu nachteiligen Veränderungen ihres Gesundheitsverhaltens – so entsteht ein Teufelskreis, bei dem Ursache und Wirkung oft nicht voneinander zu trennen sind.
Magen-Darm-Erkrankungen	Magen-Darm-Erkrankungen sind eine häufige Stressfolge. Durch Stress kommt es zu einer verminderten Magendurchblutung, weiters besteht eine verstärkte Schmerzwahrnehmung und Entzündungsreaktion. Schließlich geht auch ein erhöhter Cortisolspiegel mit der Gefahr einer Magenschädigung einher. Beim Reizdarm-Syndrom bestehen entzündliche Prozesse mit einem Beitrag durch chronischen Stress und seelische Traumata.

Hauterkrankungen, Neurodermitis	Etwa 15 Prozent aller Kinder leiden an Neurodermitis. Entzündliche Prozesse und oxidativer Stress in der Haut spielen hier eine entscheidende Rolle. Psychosozialer Stress kann diese Prozesse noch fördern. Außerdem kommt es bei Stress zu vermehrter Einwanderung von Immunzellen in die Haut, was diese noch sensibler machen könnte.
Tinnitus	Nach Schätzungen sind zehn Prozent aller österreichischen Erwachsenen von Tinnitus betroffen, ein Prozent leidet massiv darunter. Die Betroffenen hören Geräusche, die nicht von einer externen Quelle kommen und unterschiedliche Qualität und Lautstärken haben können. Es kann ein Pfeifen, Zischen, Summen oder Surren sein. Wie es genau zur Entstehung von Tinnitus kommt, ist nach wie vor umstritten, meistens ist jedoch keine organische Ursache nachweisbar. In diesen Fällen geht man davon aus, dass übermäßiger Stress einer der wesentlichen Auslöser ist. Für viele der Betroffenen ist der Tinnitus selbst mit großem Stress bis hin zu Angstzuständen verbunden. Manchmal kann ein als extrem belastend empfundener Tinnitus auch zu schweren Depressionen führen.
Atemwege	Asthmaanfälle werden häufig in Konfliktsituationen ausgelöst, es ist bekannt, dass Asthma verstärkt im Zusammenhang mit Depressionen auftritt. Die entzündlichen Prozesse bei Asthma können durch Stress, aber beispielsweise auch durch Rauchen in Stress-Situationen verstärkt werden.
Fibromyalgie	Ein bis zwei Prozent der Bevölkerung sind von dieser Erkrankung betroffen, die mit chronischen

	Schmerzen in Muskulatur und Skelett sowie Müdigkeit und Schlafstörungen einhergeht. Auch hier finden sich gehäuft psychische Belastungen in der Vorgeschichte.
Kopfschmerzen und Migräne	Kopfschmerzen zählen zu den häufigsten Symptomen bei übermäßigem Stress. Meistens handelt es sich um so genannte Spannungskopfschmerzen oder um richtige Migräne. Hierbei kommt es typischerweise zu halbseitigen starken Kopfschmerzen, die bis zu 72 Stunden dauern können. Sie sind oft begleitet von Übelkeit und Erbrechen, Licht- und Lärmempfindlichkeit, Sehstörungen und manchmal auch von neurologischen Ausfallssymptomen. Häufig kommt es zu Migräneattacken bei erhöhtem Stress. Viele Patienten bekommen aber auch gerade in der Entspannungsphase nach vorangehendem Stress Migräne.
Stress und Krebs	Das Immunsystem spielt eine wichtige Rolle bei der Abwehr von Krebs, es bekämpft einzelne entstandene Krebszellen, sodass diese absterben. Eine Hemmung des Immunsystems könnte daher die Krebsentstehung fördern. In Tierexperimenten fand sich eine verstärkte Krebsentstehung und Absiedelung (Metastasierung) bei starkem Stress, z. B. auch bei sozialer Isolation. Weiters gibt es Hinweise für eine bessere Überlebensrate von Krebspatienten bei adäquater Behandlung der begleitenden Depressionen. Großangelegte statistische Analysen sprechen dafür, dass das Risiko bestimmter Krebsarten bei tiefen Lebenseinschnitten und damit einhergehendem seelischem Stress steigt, z. B. von Lymphdrüsenkrebs, Melanomen, eventuell auch von Brustkrebs.

ZWEI MÄNNER STEHEN HINTER MIR – EINE JUNGE FRAU MIT TINNITUS

Doris kam verzweifelt zu mir in die Sprechstunde. Seit zwei Wochen hatte sie ein quälendes Dauergeräusch in beiden Ohren, einen hohen Ton. Tagsüber konnte sie sich nicht konzentrieren, und ihr Schlaf war durch das Geräusch deutlich gestört. Ich kannte Doris schon von einem früheren Besuch und wusste, dass sie eine sehr sensible, aber auch ehrgeizige junge Frau war, die zu Perfektionismus neigte. Sie erzählte mir, dass sie vor einem Monat eine neue Stelle als Leiterin einer großen Bankfiliale übernommen hatte und sie im nächsten Jahr im Rahmen des Karriereprogramms der Bank verschiedene für sie sehr herausfordernde Stationen durchlaufen sollte.

Ich schlug ihr ein kleines Experiment vor: „Nehmen wir an, Ihr Tinnitus wäre hier irgendwo als Person im Raum, wo stünde er wohl, wie sähe er aus?"

Doris schloss die Augen, nach einigen Sekunden sagte sie: „Es sind zwei große Männer, die rechts und links hinter mir stehen. Ich fühle mich von beiden bedroht." Zu ihrer Überraschung lud ich Doris nun ein, die Position von einem dieser Männer einzunehmen. Nach einigem Zögern tat sie das auch und blickte sozusagen „als einer der Männer" auf den nun leeren Stuhl von Doris. „Wie fühlt es sich an dieser Position an?", fragte ich sie. „Ich fühle mich gar nicht bedrohlich, es geht mir an dieser Position gut, und auf der anderen Seite steht mein Bruder, mit dem ich mich gut vertrage", lautete die Antwort von Doris.

Ich fragte sie in dieser Rolle des Mannes, was er von Doris wollte. Sie antwortete: „Wir wollen sie gar nicht bedrohen. Wir wollen ihr nur etwas sagen: Schau auf dich!"

Nach diesem Experiment ließ ich Doris wieder in ihren Stuhl setzen und fragte, wie das Gesagte für sie klänge. Sie sagte: „Das macht viel Sinn, ich glaube, ich kann meinen Tinnitus nun besser verstehen. Die beiden Männer wirken für mich gar nicht mehr bedrohlich, ich habe eher das Gefühl, dass sie mich beschützen möchten."

Im weiteren Verlauf des Gesprächs arbeitete ich mit Doris an Strategien, wie sie mit dieser belastenden Situation besser umgehen könne. Wir versuchten herauszufinden, was weitere Zeichen ihrer Grenzen sein könnten, und zeigten auf, wie sie sich selbst unter Druck setzte, das Karriereprogramm perfekt zu bewältigen.

Als ich Doris einige Wochen später wieder sah, ging es ihr deutlich besser. Ihr Tinnitus war noch nicht ganz verschwunden, aber deutlich leiser, und sie konnte wieder schlafen. Sie sagte: „In der letzten Sitzung habe ich verstanden, dass mein Körper mir hilfreiche Signale sendet, wenn er mich vor einer zu großen Belastung schützen will. Seit ich das eingesehen habe, versuche ich, viel mehr auf meinen Körper zu achten, und in Situationen, in denen ich früher noch mehr Druck gemacht hätte, bewusst einen Schritt zurückzugehen und darüber nachzudenken, wie ich das Ganze entspannter angehen kann."

WENN DER STRESS ZU VIEL WIRD – DAS BURNOUT-SYNDROM

Als Sabine in unser Gesundheitszentrum kam, hatte sie schon seit einem Jahr das Gefühl, „dass sie nicht mehr könne". Zahlreiche Überstunden in ihrem Job als Lehrerin, eine ehrenamtliche Tätigkeit, zwei Kinder, ein Haus – das waren nur die wesentlichsten ihrer Aufgaben. Eigentlich hatte sie schon vor eineinhalb Jahren einen Zusammenbruch gehabt, den sie nur mithilfe der darauf folgenden Sommerferien einigermaßen überstehen konnte. Auch im Urlaub kreisten ihre Gedanken ständig um das bevorstehende Schuljahr, die vielen halbwüchsigen Schüler, die ihr ständig mit großem Widerstand begegneten, das Gedränge am Gang und im Lehrerzimmer, unterschwellige Konflikte zwischen den Kollegen – wenn sie nur daran dachte, bekam sie Herzklopfen und Atemnot. Dabei war sie seit 30 Jahren Lehrerin, hatte ihren Beruf immer mit großem Engagement ausgefüllt, die meisten Schüler mochten sie sehr gerne, und sie dachte, dass diese Belastungen einfach dazugehören.

Im Jahr davor hatte sie alle Hobbys aufgegeben, die sie früher gerne gemacht hatte – Sport, wandern, lesen. Auch zu ihren Freunden hatte sie praktisch keinen Kontakt mehr, und nur nebenbei erzählte sie, dass sie auch ihre alten und kranken Eltern immer wieder betreuen müsse. Schon seit Monaten hatte sie Rückenschmerzen und einen Tinnitus auf beiden Ohren.

Ich erzählte ihr etwas über Burnout und die dazugehörigen Symptome und lud sie zu einem kleinen Experiment ein: Ich legte mithilfe von zwei Karten eine Skala quer über den Raum auf, die von eins bis zwölf reichte, und fragte, auf welcher Burnout-Stufe sie sich wohl einstufen würde. Ganz zielstrebig und spontan ging sie zur Stufe neun und stellte sich dorthin. Als ich sie fragte, wie es sich anfühlte, an dieser Position zu stehen, brach sie in Tränen aus, und sie konnte fast nicht mehr aufrecht stehen. Ein überwältigendes Schwächegefühl, eine große Traurigkeit und ein Gefühl der Leere kennzeichneten diese Position. Erst diese Aufstellung machte ihr klar, dass es höchste Zeit war, etwas zu ändern. Sie selbst hätte sich einen Krankenstand nie zugestanden, da sie äußerst pflichtbewusst war und immer alles perfekt erledigen wollte. Erst als ich sagte, dass sie aus ärztlicher Sicht derzeit auf keinen Fall arbeiten könne, ging eine Welle der Erleichterung durch sie, sie musste sich hinsetzen und konnte erstmals seit Monaten die enorme Last der Verantwortung von sich abfallen lassen.

Wie sich Burnout äußert

Seit der erstmaligen Verwendung des Begriffs „Burnout" in den Siebzigerjahren werden drei Hauptsymptome als maßgeblich erachtet:

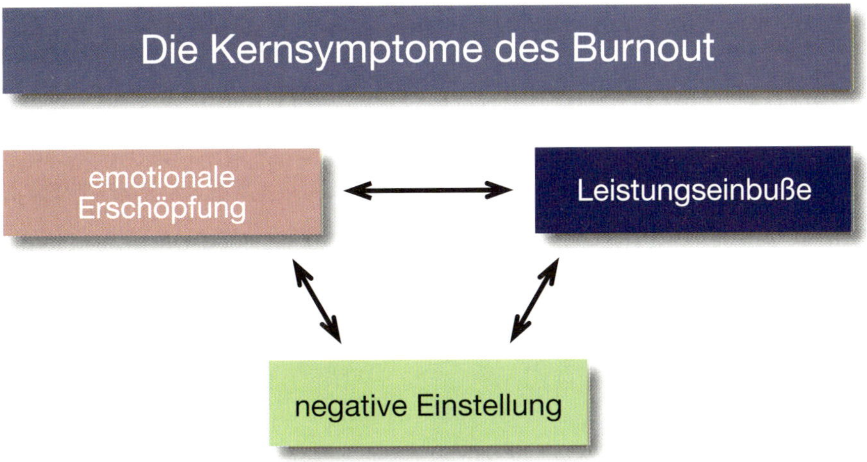

1. **Die emotionale und körperliche Erschöpfung:** Die Betroffenen haben das Gefühl, ausgelaugt zu sein, können sich an nichts mehr erfreuen und fühlen sich auch körperlich erschöpft. Es kommt auch zu einer zunehmenden
2. **Leistungseinbuße und Ineffizienz:** Diese besteht sowohl objektiv als auch subjektiv, d. h. man hat auch selbst das Gefühl, weniger leisten zu können. Dazu gesellen sich oft massive Selbstzweifel. Das dritte
3. **Kernsymptom ist eine negative Einstellung** gegenüber der Arbeit, vor allem gegenüber jenen Menschen, mit denen man als KundInnen, KlientInnen bzw. PatientInnen beruflich zu tun hat.

Die vielen Gesichter des Burnout

Burnout geht in der klinischen Praxis weit über diese Kernsymptome hinaus. Es äußert sich in einer Vielzahl an körperlichen Symptomen und Erkrankungen, psychischen und mentalen Erkrankungen und gravierenden Verhaltensänderungen:

BURNOUT-SYMPTOME

KÖRPER

- Herzbeschwerden
- Verdauungsbeschwerden
- Kopfschmerzen
- Müdigkeit
- Muskelverspannungen
- Lustlosigkeit
- Sexuelle Funktionsstörungen

EMOTION

- Nervosität, Unruhe
- Depressive Verstimmung
- Verlust von Freude
- Fehlende Motivation
- Kontaktverlust zu Kunden, Kollegen und Freunden
- Innere Leere
- Vermindertes Selbstwertgefühl

GEIST

- Konzentrationsschwierigkeiten
- Entscheidungsschwäche
- Fehlende Ziele
- Verminderte Belastbarkeit
- Verlust von Kreativität

VERHALTEN

- Anfangs Hyperaktivität
- Später vermindertes Engagement, Alkohol und andere Süchte
- Rückzug
- Fehlleistungen

Die **körperlichen Symptome** des Burnout sind vielgestaltig und betreffen in der Regel die persönlichen körperlichen „Achillesfersen". Je nach Disposition also z. B. das Herz-Kreislauf-System mit erhöhtem Blutdruck oder Herzrhythmusstörungen, das Magen-Darm-System mit Verstopfung, Durchfällen oder Gastritis bis hin zu Magengeschwüren, das Immunsystem mit Infektanfälligkeit oder Allergien. Oft sind auch Schmerzen in Kopf, Rücken oder Muskulatur oder sexuelle Funktionsstörungen zu verzeichnen. Häufig sind auch Tinnitus (Ohrgeräusch) oder sogar ein Hörsturz. Besonders oft treten zum Teil schwerwiegende Schlafstörungen auf.

Übermäßiger Stress und Burnout gehen auch mit einer **verminderten geistigen Leistungsfähigkeit** einher: Dies bemerken wir durch Konzentrationsschwierigkeiten, Entscheidungsschwäche, fehlende Ziele, verminderte Belastbarkeit und Verlust von Kreativität.

Robert, Geschäftsführer eines internationalen Unternehmens, hatte eine steile Karriere hinter sich. Doch neben seinem hohen Blutdruck und den Schlafstörungen plagte ihn vor allem, dass er sich in Besprechungen nicht mehr konzentrieren konnte und ihm die vielen Entscheidungen in seinem verantwortungsvollen Beruf immer schwerer fielen. Manchmal fühlte er sich wie gelähmt. Eigentlich war er gar nicht mehr sicher, wofür er das alles machte ...

Mit zunehmender Dauer einer übermäßigen Belastung oder eines drohenden Burnout kommt es zu immer stärkeren **seelischen Folgeerscheinungen**. Die häufigsten Anzeichen sind dauernde Nervosität, Unruhe und depressive Zustände. Es kommt zu Verlust von Freude und fehlendem Antrieb, alles wird zur Mühsal. Dazu können Zustände von Gereiztheit und Aggressivität oder auch Angstzustände und Panikattacken kommen. Auch innere Leeregefühle oder das Gefühl, „neben sich zu stehen", sind typische Begleiter des Burnout.

Die 29-jährige Tanja arbeitete seit sechs Jahren als erfolgreiche Moderatorin im Fernsehen. Häufig bestand ein enormer Produktionsdruck, und sie musste oft ins Ausland. An freien Tagen ging sie gar nicht mehr hinaus, sondern lag antriebslos und traurig in ihrem Bett. Kurz vor ihrem Besuch bei uns hatte sie bei einer Live-Sendung eine Panikattacke bekommen, sodass sie beinahe vor laufender Kamera aus dem Studio laufen musste. Natürlich hatte sie große Angst, dass ihr das wieder passieren könnte.

Auch das grundsätzliche **Verhalten** der Betroffenen ändert sich: In den Anfangsphasen des Burnout bestehen häufig vermehrtes, fast schon zwanghaftes Engagement und Hyperaktivität. Mit Fortschreiten des Prozesses kommt es jedoch zu verminderter Leistungsfähigkeit und Leistungsbereitschaft und zu zunehmendem Rückzug – sowohl in der Arbeitswelt als auch im Freundeskreis. Ersatzbefriedigungen treten vermehrt auf, die in

Süchte münden können. Alkohol und Nikotin stehen hier an erster Stelle, es kann jedoch auch zu Medikamentenmissbrauch (Schlafmittel, Aufputschmittel), übermäßigen Kaffeekonsum und Essanfällen kommen. Schließlich besteht auch eine deutlich gesteigerte Fehleranfälligkeit und Gefahr von Unfällen.

Frau Dr. Marian, 47-jährige Allgemeinmedizinerin aus Linz, kam mit der Doppelbelastung zwischen voller Ordination und als Alleinerzieherin eines pubertierenden Sohnes nicht mehr zurecht. In der Praxis hatte sie immer wieder Wutausbrüche gegenüber ihren Mitarbeitern, mit dem Sohn gab es ständig Streit, und abends trank sie täglich mindestens eine Flasche Wein. An ihrem einzigen freien Vormittag in der Woche passierte es immer wieder, dass sie in einen richtigen Kaufrausch verfiel und große Geldsummen ausgab.

Alarmsignale für Burnout

Je früher man eine Burnout-Gefährdung bei sich selbst oder anderen erkennt, umso leichter und effektiver kann man gegensteuern. Die Warnsymptome sind also – so unangenehm sie sind – auch hilfreiche Hinweise unseres Körpers und unserer Seele, dass wir etwas ändern sollen.

Was sind Alarmsignale für Burnout? Wenn wir häufig freiwillige unbezahlte Mehrarbeit leisten, das Gefühl verspüren, nie Zeit zu haben, eigene Bedürfnisse vernachlässigen (Pausen, Essen, Trinken, Urlaub, Dinge, die uns Freude machen), dann sind dies erste Anzeichen, die uns zu denken geben sollten. Häufig beschränken Burnout-Gefährdete auch ihre sozialen Kontakte auf das Berufsleben und ignorieren Enttäuschungen und Misserfolge.

Chronische Müdigkeit und Energiemangel sind schon deutlichere Anzeichen. Dazu gesellen sich eine erhöhte Unfall- oder Fehlergefahr und Zweifel an der eigenen Kompetenz. Persönliche Gespräche und Kontakte werden zunehmend reduziert.

Nach wie vor gilt folgender Satz:

»Ausbrennen kann nur, wer einmal gebrannt hat.«

TEST: BIN ICH IN BALANCE?

Burnout entsteht aus dem Zusammenwirken verschiedener Komponenten des täglichen Lebens und kann nicht auf einen einzelnen Teilbereich reduziert werden. Zur besseren Einschätzung Ihrer eigenen Gefährdung haben Sie hier die Möglichkeit, Ihre Befindlichkeit in verschiedenen Bereichen Ihres Lebens darzustellen.

Überlegen Sie, auf welcher Stufe in den einzelnen Segmenten Sie sich positionieren würden. Stufe eins ist sehr schlecht, Stufe zehn ist optimal. Kreuzen Sie die Skala zur jeweiligen Dimension an der entsprechenden Stelle farbig (z. B. rot) an und verbinden Sie die sich ergebenden Punkte miteinander, damit Sie deutlich erkennen können, wie Sie liegen.

Die acht Dimensionen stehen dabei für folgende Bereiche:

Emotion: für Ihr seelisches Empfinden bzw. den emotionalen Bereich, Ihren „Gefühlszustand“;

Gesundheit: für Ihr subjektives Empfinden, wie gesund Sie sich derzeit fühlen (unter Berücksichtigung von möglicherweise derzeit bei Ihnen bestehenden Erkrankungen oder Symptomen);

Bewegung: für das Ausmaß an regelmäßiger körperlicher Bewegung, das Sie derzeit ausüben;

Ernährung: für Regelmäßigkeit, Menge und gesunde Zusammensetzung Ihrer Mahlzeiten;

Soziales: für das Ausmaß und die Qualität Ihrer derzeitigen familiären und sonstigen sozialen Kontakte, wie z. B. Kontakt zu Freunden;

Beruf: für die Qualität, wie Sie derzeit Ihre berufliche Tätigkeit empfinden, wie befriedigend, belastend, sinnstiftend oder auch frustrierend;

Stress: für das Ausmaß an Belastungen, das Sie derzeit insgesamt empfinden, also unter Einbeziehung beruflicher und privater Belastungen („0“ bedeutet hier maximale Belastung bzw. Überlastung und „10“ steht für den Wunschzustand);

Sinn: für die Qualität, wie Sie derzeit Ihr Leben empfinden, also z. B. Sinnhaftigkeit und Gestaltungsmöglichkeiten.

Bitte beachten Sie, dass es sich um eine rein subjektive, individuelle und „gefühlsmäßige“ Einschätzung handelt, es geht hier nicht um richtig oder falsch. Am besten tragen Sie die Werte Ihrem Gefühl entsprechend ein, ohne lange darüber nachzudenken. Wenn Sie die Punkte miteinander verbinden, erhalten Sie eine „Netzlinie“, anhand derer Sie rasch erkennen können, in welchen Bereichen am ehesten Änderungsbedarf besteht.

Überlegen Sie jetzt, was Ihr Wunschzustand in diesen Bereichen wäre, markieren Sie die Position farbig (z. B. grün) und verbinden Sie auch diese Punkte miteinander. Überlegen Sie dann, woran Sie erkennen würden, dass Sie diesem Wunschzustand einen Schritt näher gekommen sind, und schreiben Sie dies daneben auf. Was wäre ein erster, vielleicht kleiner Schritt, um diesem Wunschzustand zumindest ein Stückchen näher zu kommen? Wer außer Ihnen würde diese Veränderung noch bemerken?

Wenn Sie Interesse haben, eine ausführlichere Online-Version dieses Tests inklusive weiterführender Fragen und Hinweise zu machen, dann finden Sie diese unter www.thetree.at unter „Behandlung/Burnout“.

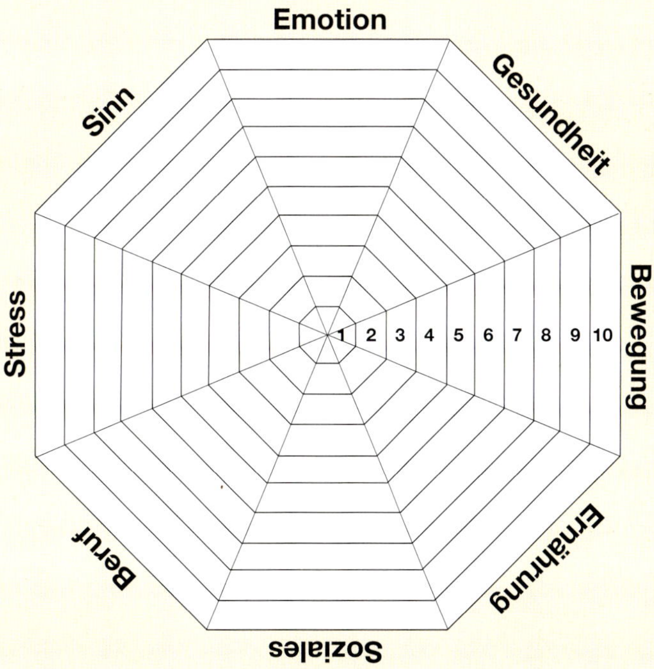

Wie Burnout entsteht

Häufig höre ich die Frage: „Wie kommt es zu dieser Burnout-Epidemie? Wer ist schuld? Sind es die Arbeitgeber und Organisationen, die uns in ihrer Profitgier systematisch ausbeuten? Oder sind die Betroffenen selbst schuld an ihrem Burnout?"

Beide Seiten müssen betrachtet werden: Wir kennen eine Reihe gut belegter arbeitsplatzbezogener Auslöser des Burnout-Syndroms. Dennoch ist nicht jeder von uns in einer belastenden Situation gleichermaßen gefährdet: Es gibt auch eine persönliche Komponente.

Im folgenden Kasten sehen Sie die wichtigsten inneren Faktoren und unbewussten „Glaubenssätze", die für die Entstehung von Burnout maßgeblich sind. Wenn wir diese betrachten, so wird rasch klar, dass wir sie nicht im Rahmen unserer Berufsausbildung gelernt haben – wir haben sie meist aus viel früheren Zeiten unseres Lebens, unserer Kindheit, „mitgenommen". Vielleicht waren einige dieser Glaubenssätze in einer bestimmten Zeit unseres Lebens nützlich und notwendig. Im Laufe des weiteren Lebens jedoch können sie zunehmend schädlich für uns werden. Damit soll nicht gesagt werden, dass einer dieser Glaubenssätze krankhaft ist – jeder von uns trägt sie mehr oder weniger in sich. Es kommt auf das Ausmaß und die Mischung an. Wenn aber mehrere dieser inneren Überzeugungen sehr stark sind, ist es wichtig, bewusst mit ihnen umzugehen, um nicht Burnout-gefährdet zu sein.

BURNOUT-FÖRDERNDE GLAUBENSSÄTZE UND VERHALTENSMUSTER

- „Anerkennung und Liebe bekomme ich nur durch Leistung."
- „Es muss perfekt sein, ich darf keine Fehler machen."
- „Ich muss es alleine schaffen, ich muss die Kontrolle behalten."
- Arbeit/meine Tätigkeit als einzige Lebens-Quelle
- Dauertätigkeit als Ablenkungen von Konflikten, innerer Leere oder traumatischen Erinnerungen

Im nächsten Kasten finden Sie nachgewiesene Burnout-fördernde Arbeitsbedingungen. Manchmal sagen Zuhörer in meinen Vorträgen: „Das können Sie alles auf einen Zettel schreiben und beim Eingang unserer Firma aufhängen!" Was davon spielt an Ihrem

Arbeitsplatz eine Rolle? (Wenn Sie ausschließlich im Haushalt tätig sind, dann ist Ihr Haushalt Ihr Arbeitsplatz.)

BURNOUT-FÖRDERNDE ARBEITSBEDINGUNGEN

- Arbeitsüberlastung und Zeitdruck
- Mangel an Anerkennung bzw. Wertschätzung, fehlendes Feedback
- Mangel an Gemeinschaft (Unterstützung, Kommunikation, Konflikte)
- Unfairness
- Konflikte zwischen meinen Werten und denen der Organisation

Was tun gegen Burnout?

Je länger ich mich mit Burnout beschäftige, umso schwerer fällt es mir, „einen allgemein gültigen Weg aus dem Burnout“ zu beschreiben. Dazu sind die Lebenssituationen der einzelnen Personen viel zu unterschiedlich, sowohl was die Persönlichkeit als auch was die externen Belastungen betrifft.

Was wir aber auf jeden Fall wissen: Die „passive Bewältigung“, also der Versuch, stresshaften Situationen auf Dauer aus dem Weg gehen zu wollen, funktioniert nicht. Vielmehr geht es darum zu lernen, mit diesen Situationen besser umzugehen oder bestehende Konflikte zu klären.

Auch eine Zurücknahme des inneren Engagements führt nicht zum Ziel: jene Aufgaben, die jeder von uns erledigen muss, bleiben in der Regel gleich, während wir gerade jene Bereiche reduzieren, die uns noch Spaß gemacht haben. Dadurch kann sich die subjektive Qualität der Arbeit weiter verschlechtern.

Und zu guter Letzt ist klar zu sagen, dass Nikotin, Alkohol und Medikamente schon gar nicht die Lösung sind: Nikotin und Alkohol versetzen uns in einen zusätzlichen Stresszustand, auch wenn wir sie anfangs als entspannend erleben. Zudem besteht hohe Suchtgefahr! Beruhigende oder aufputschende Medikamente wiederum verdecken nur die Symptome, beheben aber nicht die Ursache. So können Schlafmittel immer nur eine vorübergehende Entlastungsmöglichkeit darstellen, die unbedingt von anderen Maßnahmen zu begleiten ist. Zudem besteht bei den gängigen Beruhigungsmitteln eine hohe Gefahr der Abhängigkeit! (In denjenigen Fällen, wo eine Schlafstörung auch Ausdruck einer begleitenden Depression ist, ist die Anwendung schlaffördernder Antidepressiva oft sinnvoll und notwendig. Dies ist jedoch nicht gleichzusetzen mit dem unkritischen Gebrauch von Beruhigungs- und Schlafmitteln.)

Die eigene Beschäftigung mit einem (möglichen) Burnout beginnt mit folgender Frage:

Welche Ziele haben Priorität?

So eine bedeutsame Frage können Sie sich ernsthaft nicht zwischendurch im ganz normalen Arbeitsalltag stellen. Dazu brauchen Sie genügend Zeit und vielleicht auch einen guten Gesprächspartner. Eventuell werden Sie bemerken, dass nicht alle Ihrer Ziele miteinander vereinbar sind. Und häufig schließt sich an die Grundfrage noch eine weitere Frage an:

Genügt eine berufliche Veränderung zur Vermeidung des Burnout?

Die meisten Menschen, die sich mit den Prioritäten ihrer Zielsetzungen beschäftigen, kommen bald zur Frage nach dem Berufsleben – ist es die größte Gefahr, oder geht es vielmehr um ein Harmonisieren der verschiedenen Lebensbereiche:

- Beruf,
- Familie,
- soziale Kontakte,
- Freizeit, Hobbys,
- Gesundheit.

Maßnahmen gegen Burnout

Allgemein lässt sich feststellen, dass die Strategien gegen Burnout drei Bereiche umfassen:

1. Berufs-/arbeitsbezogene Maßnahmen,
2. Stärkung des sozialen Umfelds/Rückhalts,
3. Ich-Stärkung.

Ins Detail dieser Maßnahmen gehen wir im Praxis-Teil des vorliegenden Buches, hier vorab eine Überblicksgrafik, die zeigt, worum es später noch gehen wird:

STRATEGIEN GEGEN BURNOUT

Beruf

Arbeitsgestaltung
- Arbeits-bedingungen
- Was kann ich ändern?
- Spezialisierung?

Zeitmanagement
- Z. B. Unangenehmes nicht aufschieben
- Feste Zeiten einplanen

Grenzen
- Eigene Grenzen wahrnehmen
- Nein-Sagen
- Delegieren

Aus- und Weiterbildung
- Praxisbezogen

Soziale Systeme

Familie

Freunde

Austausch mit Kollegen

Feedback annehmen

ICH

Meine Ziele

Meine Erwartungen
- an das Leben
- an die Arbeit

Meine Ressourcen

Meine Grenzen

ZEIT...

- Essgewohnheiten
- Körperlicher Ausgleich
- Entspannungs-techniken
- Hobbys

Klassische Stress-Situationen

Konflikte

Unser Umgang mit Konflikten hat viel mit unserer Kindheit zu tun. War es in unserer Familie üblich, dass Konflikte ausgetragen wurden? Haben wir dies als konstruktiv erlebt, oder haben uns die Konflikte in ohnmächtige Angst versetzt? Bestanden viele versteckte Konflikte zwischen unseren Eltern, die unter den Teppich gekehrt wurden? All diese Erfahrungen haben uns geprägt und sind ausschlaggebend dafür, wie wir mit Konflikten umgehen.

Konflikte am Arbeitsplatz stellen eine der häufigsten Stressursachen dar. Während offen ausgetragene Konflikte vor allem die akuten Stresshormone (Adrenalin und Noradrenalin) aktivieren, führen unausgesprochene Konflikte zur Ausschüttung von Cortisol mit all den damit verbundenen schädlichen Langzeit-Nebenwirkungen.

Konflikte am Arbeitsplatz entwickeln häufig eine Eigendynamik, wobei es am Schluss gar nicht mehr um die Sache geht. Daher ist es sehr wichtig, Konflikten bereits in möglichst frühen Phasen aktiv zu begegnen und sie keinesfalls zu ignorieren. Eine besondere Verantwortung kommt hier Führungskräften zu. Scheut eine Führungskraft die Auseinandersetzung mit Konflikten – mit dem eigenen Vorgesetzten oder den Mitarbeitern oder mit Konflikten zwischen den Mitarbeitern –, so hat dies für das gesamte Team schädliche Auswirkungen.

Anita, 28, kam mit Schwindelanfällen und Kopfschmerzen zu mir. Ich konnte organisch nichts Auffälliges finden. Als ich sie nach Belastungen am Arbeitsplatz fragte, sagte sie: „Ich halte diese Konflikte in der Arbeit nicht mehr aus! Und immer tun alle so, als ob nichts wäre, dabei wird hinterrücks ständig über andere hergezogen!“

Mobbing

Die Verwendung des Begriffs Mobbing hat in den letzten Jahren stark zugenommen. Häufig wird bereits von Mobbing gesprochen, wenn wir von Arbeitskollegen kritisiert werden oder es zu einem Konflikt gekommen ist. Echtes Mobbing ist jedoch viel mehr als das, es bedeutet für die Betroffenen eine extreme Stressbelastung und ist ein häufiger Auslöser von Burnout.

Mobbing bedeutet die systematische und längerdauernde Ausübung negativer Handlungen gegen eine Person. Ziel ist die Isolation und schließlich der Ausschluss der gemobbten Person, sei es aus dem Team oder aus einem speziellen Tätigkeitsfeld oder aus der Organisation zur Gänze. Ist der Mobbingtäter ein Vorgesetzter, so wird auch von „Bossing" gesprochen. Auch unter Schülern sind derartige Situationen häufig, man spricht hier von „Bullying".

Mobbing ist ein extremer sozialer Stressfaktor. Gerade bei schwachen Führungskräften kann sich so sehr rasch eine negative Gruppendynamik entwickeln. Die betroffene Person verbraucht den größten Teil ihrer Energie, um sich im sozialen Gefüge des Teams überhaupt noch zu behaupten. Leistungsabfall, Selbstzweifel und Angstzustände treten immer mehr in den Vordergrund, verbunden mit psychosomatischen Reaktionen und psychischen Störungen bis hin zu Burnout und Depression.

Neben der Unterstützung durch nahe stehende Personen ist meist professionelle Hilfestellung erforderlich. Dies sowohl aus psychologischer Sicht als auch zur rechtlichen Unterstützung. Wichtig ist dabei auch das Führen eines so genannten Mobbingprotokolls, um die Benachteiligungen, die Schikanen und Angriffe belegen zu können.

MOBBING MACHT VOR NIEMANDEM HALT

Auch Personen in sehr gehobenen Positionen können Opfer von Mobbing werden, wie folgendes Beispiel zeigt:

Mag. Walter A. war seit langem als Personalchef in einem internationalen Konzern tätig. Er kannte die meisten Mitarbeiter gut und war für viele eine hoch angesehene Vertrauensperson. Zwei Jahre vor seinem Besuch bei uns war ein neuer Geschäftsführer bestellt worden. Seither war von diesem und seiner „rechten Hand" immer wieder versucht worden, Herrn Mag. A. Verfehlungen nachzuweisen – sie überprüften seine E-Mails, seine Anwesenheit und versuchten – immer erfolglos –, seine Entscheidungen in Frage zu stellen. Obwohl er sich nichts zuschulden kommen lassen hatte, wurde er schließlich von einem Tag auf den anderen mit einer anderen „Aufgabe" betraut. Er bekam ein winziges Büro und hatte den ganzen Tag nichts Sinnvolles zu tun. Als er seinen alten Tätig-

keitsbereich zurückverlangte, wurde er unter dem Vorwand angeblicher Verfehlungen mit der Kündigung bedroht.

Diese Vorgänge hatten ihn so belastet, dass er massive Angstzustände und schwere Schlafstörungen bekommen hatte und deswegen zu mir in Behandlung gekommen war. Im Lauf unserer Gespräche fanden wir heraus, warum der neue Geschäftsführer ihn unbedingt loswerden wollte – er wollte Herrn Mag. A.s Position seinem Assistenten zukommen lassen, um mit dessen Hilfe als Geschäftsführer unangreifbar zu werden und mögliche Konkurrenten im Unternehmen auszuschalten.

Zum Glück gelang es mir, Mag. A. seelisch so weit zu unterstützen, dass er sich einen Anwalt nahm, der als Personalrechtsexperte die Verfehlungen des Geschäftsführers klar belegen konnte. Nach einem sehr belastenden Jahr mit einigen laufenden Verfahren zwischen ihm und dem Unternehmen (unter anderem wegen gesetzwidriger Versetzung und vorsätzlicher Gesundheitsgefährdung), in dem er – weiterhin seiner alten Position enthoben – mittlerweile sogar ein rechtswidriges Arbeitsverbot erhalten hatte, bekam Herr Mag. A. vor Gericht in allen Punkten Recht. Dennoch wurde er nicht wieder in seiner alten Position eingesetzt, vielmehr bot ihm das Unternehmen eine sehr vorteilhafte vorzeitige Pensionierung an, die er gerne annahm. Wäre er nicht stark genug gewesen, sich mit allen Mitteln zu wehren, wäre auch er chancenlos gegen das Mobbing gewesen.

Angst um den Arbeitsplatz

In einer österreichischen Umfrage im Jahr 2008 gab über ein Drittel der Befragten an, Angst zu haben, dass sie oder ihnen nahe stehende Personen in den nächsten beiden Jahren ihren Arbeitsplatz verlieren würden. Gerade in wirtschaftlich schwierigen Zeiten stellt diese Angst einen wesentlichen Stressfaktor dar. In Unternehmen wird zunehmend rationalisiert, und die verbliebenen Mitarbeiter müssen noch mehr leisten. Obwohl die Anzeichen der Überforderung schon deutlich spürbar sind, mobilisieren sie ihre letzten Reserven, um ihren Arbeitsplatz nicht zu verlieren.

Durch den dadurch entstehenden Stress drohen außer dem hohen Maß an Leidensdruck auch eine massive Abnahme von Motivation und Identifikation sowie die Zunahme von Fehlleistungen und Konzentrationsmängeln.

»Wie soll sich das alles ausgehen?«
Frage eines Seminarteilnehmers

Mehrfachbelastung und Burnout

Mehrfachbelastung ist ein wesentlicher Faktor zu Entstehung von Burnout, vor allem von Frauen. Denn nach wie vor sind wesentlich mehr Frauen von der Mehrfachbelastung in Beruf und Familie betroffen als Männer: In einer großen österreichischen Umfrage vor einigen Jahren unter Frauen in anspruchsvollen beruflichen Positionen erschienen 50 Prozent von ihnen Burnout-gefährdet. Zwei Drittel hatten einen Partner, der sie auch bei den häuslichen Tätigkeiten unterstützen hätte können, die meisten gaben jedoch an, dass sie den Haushalt alleine erledigten.

In vielen Gesprächen mit Frauen und Männern, die sehr belastet waren, hatte ich folgenden Eindruck: Wenn eine Frau zweimal 100 Prozent leisten soll (was nicht möglich ist), so wird sie sich so einsetzen, dass sie immerhin noch 180 Prozent geleistet hat. Ein Mann, der vor die gleiche Aufgabe gestellt wird, wird vielleicht 130 Prozent aufbringen. Diese Feststellung trifft sicherlich nicht für alle von uns zu und ist natürlich eine plakative Vereinfachung. Ich erlebe dennoch immer wieder, dass vor allem Frauen immer noch versuchen, alles perfekt zu erledigen.

Eine Abkehr vom Perfektionismus ist oft schwierig, da er von Kindesbeinen an gelernt wurde. So stellen Frauen die höchsten Anforderungen an sich selbst, und – auch wenn die Vernunft etwas anderes sagt – in ihrem Unterbewusstsein meldet sich eine Stimme, die sagt: „Liebe bekommst du nur durch perfekte Leistung!" Daher ist es auch schwierig, diese Verhaltensweisen aufzugeben. Es braucht also weniger ein „weg vom Perfektionismus" als vielmehr ein „hin zu mehr Lebensfreude und Ausgeglichenheit"!

Nur wenn es Ihnen gelingt, die Ansprüche an sich selbst auf ein menschliches Maß zu verringern und zu akzeptieren, dass Sie nicht alles perfekt machen können, und wenn Sie Ihre eigenen Grenzen nicht nur erkennen, sondern auch anerkennen, wird es Ihnen gelingen, Ihre Umgebung (Ihren Partner, Ihre Kinder, Ihre Kollegen) zu mehr Unterstützung zu bewegen und Aufgaben abzugeben. Warten Sie nicht darauf, dass die anderen dies für Sie erledigen werden – nur Sie selbst können die schiefe Ebene, die entsteht, wenn einer mehr leistet als der andere, wieder in Balance bringen!

Pseudoleistung durch Multitasking

Wie effizient bin ich doch! Ich kann mindestens sieben Dinge auf einmal tun: ein Buch schreiben, E-Mails beantworten, telefonieren, die Einkaufsliste planen, das Computerspiel im Hintergrund bedienen, dem Radio zuhören und meine Entspannungsübungen machen. Ich bringe also siebenmal so viel weiter wie einer von diesen langweiligen Menschen, die immer nur eine Sache auf einmal erledigen! Was habe ich übrigens gerade geschrieben? Ach ja – Multitasking!

In einer amerikanischen Umfrage im Jahr 2005 zeigte sich, dass Jugendliche unter 18 Jahren durchschnittlich 6,5 Stunden mit Mediennutzung verbringen, dass sie in dieser Zeit aber häufig mehrere Medien gleichzeitig nutzen – am häufigsten Handy und Computer. 60 Prozent derer, die ihre Hausaufgaben am Computer erledigten, machten in dieser Zeit medial noch zusätzlich etwas anderes.

Doch sind „Multitasker" wirkliche effizienter – oder machen sie mehr Fehler? Können wir mehrere Dinge gleichzeitig erledigen, oder bleiben wir dann in der Verarbeitung sehr oberflächlich? Die Forschung hat dazu ein eindeutiges Ergebnis gebracht: Menschen, die häufig multitasken, sind leichter durch unwichtige Reize ablenkbar, fehleranfälliger und lösen die Aufgaben insgesamt langsamer. Und das Erstaunlichste: Gerade beim Wechsel zwischen verschiedenen Aufgaben sind Multitasker deutlich langsamer als Menschen, die in ihrem Alltag wenig Multitasking betreiben. Und zwar nicht, weil sie weniger intelligent sind, sondern weil sie größere Schwierigkeiten haben, unwichtige Reize der Umgebung wegzufiltern bzw. unwichtige Aufgabenstellungen zu unterdrücken.

Stress und Weiblichkeit

Stress hat viele negative Auswirkungen auf den weiblichen Hormonhaushalt. So ist bekannt, dass die Stresshormone (Adrenalin, Noradrenalin, Cortisol) die Ausschüttung von Progesteron hemmen, das beim weiblichen Zyklus und in der Schwangerschaft vielfältige Aufgaben hat. Bei übermäßigem Stress kommt es häufig sogar zu Unregelmäßigkeiten bis zum gänzlichen Ausbleiben der Regel.

LEBENSSTIL UND STRESS: STRESS LASS NACH BEI KINDERWUNSCH!

Vor allem Paare, die sich ein Kind wünschen, sollten entspannt an die Sache herangehen. So wurde in einer Studie gezeigt, dass bei Paaren, die schon lange einen unerfüllten Kinderwunsch hegten, die Schwangerschaft bei Teilnahme an einem Stressmanagementprogramm häufiger eintrat.

Auch in der Schwangerschaft spielt Stress eine gefährliche Rolle: So konnte gezeigt werden, dass die Zahl der Fehl- oder Frühgeburten steigt, wenn die werdende Mutter sich im ersten Drittel der Schwangerschaft besonders gestresst fühlt. Außerdem zeigten die Neugeborenen der stressbelasteten Frauen ein niedrigeres Geburtsgewicht.

In der Schwangerschaft wandern die Nervenzellen des ungeborenen Kindes in die für sie bestimmten Gehirnregionen, differenzieren sich und bilden Verbindungen mit anderen Nervenzellen aus. Stress in der Schwangerschaft geht beim Ungeborenen einher mit einer späteren höheren Neigung zu Depressionen, Schizophrenie, Autismus und Suchtstörungen. Weiters zeigte sich, dass bei den Kindern, deren Mütter stressbedingt niedrigere Progesteronwerte hatten, vermehrt Neurodermitis festgestellt wurde. Tierversuche wiederum zeigten, dass Babys von stressgeplagten Müttern anfälliger für Asthma sind.

Männer im Stress

Verschiedene Studien belegen, dass das „starke Geschlecht" sowohl anfälliger für Stress ist als auch schlechter damit umgeht und durch Stress insgesamt stärker gesundheitlich gefährdet ist. Männer neigen eher dazu, Stress zu verdrängen anstatt aktiv damit umzugehen. Rückzugs- und Suchtverhalten sind bei Männern unter Stress wesentlich häufiger zu beobachten als bei Frauen. Zusammen mit biologischen Unterschieden ist dieses ungesunde Verhalten ein wesentlicher Faktor beim höheren Risiko für Gefäßverkalkungen und der niedrigeren Lebenserwartung von Männern.

LEBENSSTIL UND STRESS: STRESS SCHADET DER MÄNNLICHKEIT!

Auch die Männlichkeit selbst leidet unter Stress, denn Stress führt zu einer verminderten Ausschüttung des männlichen Sexualhormons Testosteron. Durch Nikotin und Alkohol – häufige Begleiter von Stress – wird die Testosteronproduktion ebenso gehemmt. Die negativen Folgen sind Antriebsarmut, Muskelabbau und Störungen der Sexualität.

Männer geraten auch leichter in einen „Stress-Teufelskreis", weil sie sich durch besondere Herausforderungen, die sie gemeistert haben, bestätigen. Von daher sind Männer eher geneigt, Situationen zu schaffen, die neuen Stress aufbauen.

Und gerade die so notwendige Ruhe wird oft vermieden – denn häufig wird zunächst nur

die innere Unruhe wahrgenommen. „Mann“ sucht also lieber neue Aktivitäten, um die Stille nicht aushalten zu müssen. So entsteht ein Teufelskreis, in dem der berufliche Stress durch extremen Sport oder andere Herausforderungen in der Freizeit nicht kompensiert, sondern nur fortgesetzt wird.

Dazu zwei Beispiele aus meiner Praxis:

Harald, Manager in einem großen Konzern, war in ein Burnout geraten. Unter anderem erzählte er mir, dass er früher gerne Rad gefahren sei. Als ich überlegte, ob er dies nicht wieder beginnen könnte, sagte er Folgendes: „Nur das nicht! Wenn mich jemand überholt, muss ich ihn sofort zurück-überholen!“

Eine Stressmessung mittels der so genannten HRV-Methode brachte bei Peter, einem Werkstättenleiter, ein eindrucksvolles Ergebnis: Bei der Messung in Ruhe zeigten sich in allen Bereichen extrem schlechte, also gestresste Werte. Doch als ich Peter eine einfache Aufgabe stellte – er sollte im Rhythmus eines sich auf dem Bildschirm bewegenden Balkens atmen –, verbesserten sich alle Werte schlagartig. Allein seine Herzfrequenz sank um 20 Schläge pro Minute. Peter war ein typisches Beispiel dafür, wie schwer es sein kann, Ruhe auszuhalten, während die Konzentration auf eine (aber nicht mehrere!) Aufgabe (also Atmen) die Werte sofort verbesserte.

Stress in der Kindheit

Das Stressempfinden unterscheidet sich in verschiedenen Lebensphasen deutlich, Erwachsene haben andere Möglichkeiten der Stressbewältigung als ein Säugling. Eine stabile Bindung zu Bezugspersonen in der frühen Kindheit ist wichtig für die Entwicklung des Selbst und des Selbstbewusstseins, für die Entwicklung von Sensitivität und für die Anpassungsfähigkeit gegen Stress. Konflikte und Stress in dieser (vorsprachlichen) Phase bleiben im unbewussten Teil des emotionalen Gedächtnisses und können später die Entstehung von Angststörungen, Depressionen, Persönlichkeitsstörungen und des Aufmerksamkeitsdefizit-Hyperaktivitätssyndroms (ADHS) begünstigen.

So zeigte eine große Studie in den USA mit 17.000 Befragten, dass bei mehreren schweren Belastungen in der Kindheit (z. B. körperliche Gewalt gegen die Mutter, Alkoholkrankheit in der Familie, Verlust eines Elternteils) später ein fast fünffaches Risiko von Depressionen und ein zwölffaches Selbstmordrisiko bestand.

Außer solchen kritischen Lebensereignissen spielen aber auch Alltagsstressoren (Mikrostressoren) eine große Bedeutung: schulischer Stress und Leistungsdruck sowie familiäre und gesellschaftliche Stressoren gehen bei Kindern mit vermehrter Müdigkeit, Erschöpfung und Schlafstörungen einher. So berichten mehr als zehn Prozent aller 14-jährigen Jugendlichen über mindestens einmal pro Woche auftretende Kopfschmerzen.

In den letzten Jahren haben Depressionen, Überlastungsreaktionen und psychosomatische Symptome bei Kindern bzw. Schülern deutlich zugenommen. Parallel dazu sind die Leistungsanforderungen in Gesellschaft und Schule gestiegen. Doch auch Mobbing in der Klasse kann Kinder unter extremen Druck setzen, und gerade diese Kinder sprechen oft nicht von selbst darüber. Die Kinder berichten auch oft, dass ihre Eltern darüber hinweggehen und ihnen sagen, sie sollen sich doch zusammenreißen. Auch die Lehrer bemerken Probleme einzelner Schüler mit ihren Klassenkollegen oft nicht, da gerade diese Schüler besonders angepasst und ruhig sind. Wann sollten Sie aufmerksam werden?

ZEICHEN VON ÜBERMÄSSIGEM STRESS BEI KINDERN

Sie sollten aufmerksam werden, wenn Ihr Kind

- nicht mehr aus dem Bett kommt;
- nicht mehr zur Schule geht;
- sich von Gleichaltrigen zurückzieht;
- vor jeder Anforderung resigniert;
- unter Angst- und Panikattacken leidet;
- an einem unerklärlichen Leistungsabfall leidet.

Das Wichtigste in einem solchen Fall ist, diese Symptome nicht zu bagatellisieren. Sprechen Sie Ihr Kind in einer ruhigen Situation darauf an, schon das ist oft sehr hilfreich. Wenn das Kind Ihre emotionale Resonanz spürt, kann es sich leichter vertrauensvoll an Sie wenden.

Gerade Kinder sind häufig „Träger“ von Problemen in dem System, in dem sie leben – also ihrer Familie. Kinder spüren sehr genau, wenn etwas zwischen den Eltern nicht stimmt, auch ohne dass es ausgesprochen wird. Oder gerade weil es nicht ausgesprochen wird. Daher ist gerade bei Kindern mit Stress-Symptomen die Betrachtung der gesamten familiären Situation besonders wichtig. Kinder können auf diese Weise sogar zu Katalysatoren für positive Veränderungen in einer schwierigen familiären Situation werden.

Burnout in der Familie

EIN ÜBERRASCHENDES SEMINAR

Die massiven Auswirkungen, die Stress und Burnout auf unsere Partnerschaft, auf unsere Familien und auf unser gesamtes soziales System haben, wurden mir in einem mehrtägigen Seminar, das ich vor einigen Jahren für Ärzte gehalten habe, besonders bewusst: Einige der angemeldeten Teilnehmer waren nicht gekommen, andere wiederum waren mit ihren Partnern angereist, die die Zeit des Seminars für Freizeitaktivitäten nutzen wollten.

Da jedoch einige Plätze leer geblieben waren, sagte ich: „Wenn Sie möchten, nehmen Sie doch auch an dem Seminar teil. Vielleicht kann es für Sie interessant sein.“ So hatte ich also unvermutet eine Reihe von Ärztinnen und Ärzten zusammen mit ihren Partnerinnen bzw. Partnern vor mir. Als ich die Teilnehmer aufforderte, darüber nachzudenken, was besondere Belastungen in ihrem derzeitigen Leben seien, kam es zu folgendem – für alle Beteiligten überraschenden – Ergebnis: Die Partner und Partnerinnen der Ärzte und Ärztinnen nannten als ihre wesentlichste Belastung den Arztberuf ihres Partners – die nachhause mitgebrachten Probleme, die Gereiztheit, die Unmöglichkeit, den Partner nach dem Arbeitstag ansprechen zu können, und vieles mehr. So wurde dieses Seminar ganz unvermittelt zu einer partnerschaftlichen Veranstaltung, und die Teilnehmer sprachen – oft zum ersten Mal – über ihre jeweiligen gemeinsamen Probleme. Danach sagten alle, wie froh sie seien, dass einige Teilnehmer nicht gekommen waren ...

Stress wirkt sich sehr negativ auf die Partnerschaft aus. Am meisten gefährdet sind Paare, die in ihrem Alltag viel Stress erfahren und nicht gelernt haben, gut damit umzugehen. Auf der anderen Seite sind Partnerschaften mit viel Stress und gleichzeitig hohen Stressbewältigungsfertigkeiten deutlich stabiler.

Die gemeinsam verbrachte Zeit ist für die Qualität einer Partnerschaft sehr wichtig. Eine Person die immer spät nachhause kommt, abends noch arbeiten muss, mit den Gedanken bereits bei der nächsten Aufgabe ist, ist nicht nur selbst von Stress betroffen, sondern schafft auch die Grundlage für den Zerfall der Partnerschaft.

Unter Stress leidet auch die Kommunikation: Wir sind schneller gereizt, weniger offen und kritisieren mehr. Es fällt uns zunehmend schwer, gedanklich die Position des Partners oder der Partnerin einnehmen zu können.

Auch die bei Stress häufigen Schlafstörungen wirken sich negativ auf die Partnerschaft aus. Sehr häufig höre ich bei meinen Patienten, dass ihre sexuelle Lust durch die Belastungen des Alltags deutlich abgenommen hat oder zum Erliegen gekommen ist.

Besonders schädlich für Partnerschaften sind die täglichen Kleinigkeiten. Partner, die aufgrund von Kleinigkeiten in Stress geraten, vergiften das emotionale Klima. Aufgrund des mangelnden Verständnisses füreinander entstehen Spannungen, die in Konflikte und Unzufriedenheit mit der Partnerschaft münden können. Dies überschattet die Partnerschaft zusehends, die Partner distanzieren sich voneinander und zweifeln, ob das wirklich das ist, was sie sich von einer Partnerschaft erträumt haben.

WICHTIGE FAKTOREN FÜR STRESS IN DER PARTNERSCHAFT

- Beruflicher Stress;
- zu starker Einfluss von anderen Personen („die Schwiegermutter“);
- unterschiedliche Bedürfnisse von Nähe und Distanz zwischen den Partnern;
- große Unterschiede zwischen den Partnern.

Kinder haben eine zweifache Wirkung auf Partnerschaften: Zum einen können sie die Partnerschaft belasten – die Zeit füreinander wird weniger, das Paar muss sich neu organisieren, Eifersucht auf das Kind kann entstehen. Auch die Sexualität zwischen den Partnern nimmt vor allem in den ersten Lebensjahren des Kindes ab. Schließlich bedeuten Kinder auch eine finanzielle Belastung.

Auf der anderen Seite können Kinder für eine Partnerschaft eine große Bereicherung darstellen und einer Beziehung neue Impulse und Entwicklungschancen geben.

Problematisch wird es, wenn in einer schon belasteten Partnerschaft das Kind/die Kinder sozusagen als Kitt fungieren, um die Partnerschaft aufrechtzuerhalten. Damit delegieren wir eine sehr große Verantwortung auf unsere Kinder, der sie nicht gewachsen sind. Nicht selten stellen sich bei diesen Kindern Verhaltensauffälligkeiten dar, die Anlass geben, die familiäre Situation zu überdenken.

Weiter oben habe ich Sie gefragt, wo Sie sich auf einer Skala der Belastung von eins bis zehn einstufen würden. Wo hätte Sie wohl Ihr Partner bzw. Ihre Partnerin eingestuft? Wo würden Sie ihn beziehungsweise sie einstufen? Woran würden Sie merken, dass Sie beide auf dieser Skala weiter unten stehen?

Imago – ein neuer Weg für Paare

Als ich zum ersten Mal von einer neuen Methode hörte, wie Paare miteinander kommunizieren können, war ich skeptisch. Ich fragte mich, ob strikte Kommunikationsregeln nicht eher zu einem künstlichen Dialog anstatt zu Verständnis führen. Doch als ich nach Empfehlung mehrerer Freunde, die diesbezügliche Seminare besucht hatten, begann, mich selbst näher damit zu beschäftigen, wurde ich eines Besseren belehrt: Ich lernte eine Methode kennen, die binnen weniger Minuten auch in schon lange bestehenden Partnerschaften zu neuen Einsichten übereinander führen kann. Wie ist so etwas möglich?

Die Imagomethode, die in den USA entwickelt wurde, beruht – vereinfacht gesagt – auf folgender sehr einfachen Regel: In einem Dialog zwischen einem Paar nimmt einer der beiden die Rolle des Senders und der andere die des Empfängers ein. Das bedeutet, dass der Sender über ein ihm wichtiges Thema spricht und der Empfänger vor allem eine wichtige Aufgabe hat: Er soll das Gesagte „spiegeln", das bedeutet, er soll das Gehörte wiederholen und sich vergewissern, dass er auch das gehört hat, was dem Sender wichtig war.

Nach einigen solchen Gesprächssequenzen, in denen das Gesagte möglichst wirklich zu einem großen Teil gespiegelt wurde, hat der Empfänger noch die Aufgabe, das Gesagte mit eigenen Worten zusammenzufassen und wieder nachzufragen, ob er das Richtige gehört habe. Anschließend hat der Empfänger die Aufgabe, das Gehörte aufgrund seiner Kenntnis des Senders und dessen Lebensgeschichte auch zu verstehen und zu interpretieren. Jetzt hat der Sender die Möglichkeit, korrigierende Anmerkungen zu machen. Und ja, ganz wichtig: Jeder dieser Dialoge (die in der Regel zwischen 30 und 60 Minuten dauern) beginnt mit einer gegenseitigen Wertschätzung und endet mit einer solchen.

Sie können sich kaum vorstellen, dass eine solche Gesprächsform Ihnen irgendetwas bringen könnte? Sie können sich nicht vorstellen, sich auf eine so strukturierte und „künstliche" Art mit Ihrem Partner bzw. Ihrer Partnerin zu unterhalten? Ich selbst habe die Erfahrung gemacht, dass all diese Vorbehalte nicht zutreffen. Ein mehrtägiges Imago-Seminar, das ich gemeinsam mit meiner Frau besuchte, hat unser Leben, unsere Partnerschaft und unser Verständnis füreinander nachhaltig bereichert. Seither versuchen wir, regelmäßig solche Dialoge zu führen, wenngleich auch wir uns bei unseren vollen Terminkalendern mit Beruf und mehreren Kindern ganz bewusst Zeit dafür nehmen müssen.

WEG VOM STRESS, RAUS AUS DEM BURNOUT – HIN ZU MIR SELBST UND ZU MEHR LEBENSFREUDE!

»Das Unmögliche möglich machen,
das Mögliche leicht,
das Leichte angenehm.«
Moshé Feldenkrais

Spaß oder Ernst? Was wäre wohl die schlimmstmögliche Folge, wenn Sie weniger Belastungen/weniger Stress hätten?

Wo will ich hin?

Sie wollen Ihren Stress verringern? Sie wollen ein Burnout vermeiden? Oder Sie haben schon Burnout-Symptome an sich festgestellt und suchen Wege heraus? Wie schön wäre es doch, wenn ich Ihnen eine Wunderstrategie sagen könnte! Wenn ich Ihnen auf einer Seite zusammenfassen könnte, was genau bei Ihnen die nötigen „Zutaten" sind, damit Sie Ihre Ziele erreichen.

Apropos Ziele: Was sind denn Ihre Ziele? Was ist wichtig in Ihrem Leben? Welche Wünsche haben Sie, und wenn Sie es wagen könnten zu träumen: Was ist Ihre Vision? Und was davon hat Priorität?

Je länger ich mich mit dem Thema Stress und Burnout beschäftige, umso schwerer fällt es mir, eine allgemein gültige Lösung, sozusagen die 08/15-Lösung anzubieten. Zu individuell sind die Situationen und die Persönlichkeiten der Menschen, die zu mir kommen. Und wenn ich einen guten ersten Schritt nennen sollte, den ich zumindest in den meisten Fällen für sinnvoll halte, dann wären es die obigen Fragen. Gerade wenn wir sehr belastet sind, verlieren wir oft den Sinn dafür, wo wir eigentlich hin wollen und was uns wirklich wichtig ist. So wie Helmut Qualtinger zum Taxifahrer:

»Ich weiß zwar nicht, wohin ich will,
aber fahren Sie bitte, so schnell Sie können!«

Wann können Sie sich das nächste Mal Zeit nehmen, um diese Fragen in Ruhe zu überdenken? Und zwar in einer Situation, in der Sie vom Alltag weit genug entfernt sind – sei es auf einem längeren Spaziergang oder auf einer Wanderung, an einem Tag, den Sie ganz für sich selbst gestalten. Allein oder im Gespräch mit Ihrem Partner beziehungsweise Ihrer

Partnerin oder einer anderen Ihnen nahe stehenden Person. Denn solche Fragen können wir nicht zwischen Tür und Angel beantworten – wir brauchen Zeit und genügend Abstand zu unseren Alltagssorgen.

Und wenn Sie sich diese Fragen gründlich stellen, dann wird sich vielleicht die bereits angedeutete Frage anschließen: Genügt eine Veränderung im Beruf allein? Oder geht es nicht viel eher um eine Harmonisierung unserer verschiedenen Lebensbereiche? Um das Zusammenspiel zwischen unserem Ich-Standbein, unserer ureigensten Persönlichkeit, mit dem Standbein unserer sozialen Kontakte und dem Berufsstandbein. Bei vielen von uns, aber nicht bei allen, ist auch ein viertes Standbein sehr wichtig: die Spiritualität, das, was über unser eigenes Leben hinausweist.

Wenn wir dieses Bild betrachten, so erkennen wir rasch: Wenn die ersten beiden Standbeine – Ich und soziale Kontakte – stabil aufgestellt sind, kann uns eine berufliche Krise nicht so rasch aus dem Gleichgewicht bringen. Doch wenn die ersten beiden Standbeine zu lange vernachlässigt wurden, wenn sie morsch geworden sind wie schlecht gewartete Brückenpfeiler, dann kann uns eine Krise unvermittelt aus der Balance bringen. Und eine solche Krise muss nicht beruflicher Natur sein: Ich kann selbst krank werden, mich mit partnerschaftlichen Problemen oder Krisen konfrontiert sehen, die Erkrankung oder gar der Tod einer nahe stehenden Person und vieles mehr können uns weit mehr belasten als berufliche Fragen.

Ich betone dies deshalb, weil Burnout häufig ausschließlich im beruflichen Zusammenhang gesehen wird. Demgegenüber sehe ich täglich, welche Auswirkungen Burnout nicht nur auf die berufliche Leistung, sondern auf die gesamte Persönlichkeit und das soziale System der Betroffenen hat.

Wo ist mein Standpunkt?

Es wird uns rasch klar, dass erfolgreiche Maßnahmen gegen übermäßigen Stress und Burnout natürlich einerseits mit Organisation, Zeitmanagement und beruflichen Fragen zu tun haben. Doch entscheidend ist auch die eigene Haltung Belastungen gegenüber sowie ausreichende Zeit, um unser soziales Standbein und unser Ich-Standbein ausreichend pflegen zu können. All das gelingt nur, wenn uns unsere eigene Position im Leben ausreichend klar ist: Wo ist mein Standpunkt, wie fühlt er sich eigentlich an, und stehe ich dort, wo ich stehen möchte? Wenn uns ausreichend bewusst ist, wohin wir von diesem Standpunkt aus gelangen möchten, dann ist auch definiert: Wo sind meine Ziele, meine Wünsche und meine Vision?

Manchmal ist es auch wichtig, nicht nur in die Zukunft, sondern auch in die Vergangenheit zu blicken: Was hält mich noch fest, wovon möchte ich mich lösen, was hat mich so verletzt, dass ich mich immer noch nicht erholt habe? Als Coach, der es gewöhnt ist, in die Zukunft zu blicken und an Lösungen zu arbeiten, weiß ich, dass auch die Geschichte unseres Lebens ausreichende Anerkennung und Bewältigung erfordert, damit wir überhaupt kraftvoll in die Zukunft schreiten können.

Dementsprechend möchte ich Ihnen hier nicht nur praktische Ratschläge mitgeben – wie Sie Ihren Schreibtisch organisieren sollen, wie Sie Ihr Terminmanagement gestalten oder wie Sie mit Ihrem Chef reden sollen. Vielmehr geht es darum, Ihnen ein Gefühl zu vermitteln, was Ihnen persönlich wirklich wichtig ist im Leben. Ihnen ein paar Werkzeuge in die Hand zu geben, die Ihnen bei dieser Suche helfen können, und Sie Methoden kennen lernen zu lassen, die anderen geholfen haben, ihren Weg zu finden.

Der Lebenskreis

DIE ENTDECKUNG DES ICH

Ein sehr erfolgreiche und bekannte Kollegin rief mich an: Sie sei seit langer Zeit freudlos, habe auch schon verschiedene Antidepressiva eingenommen, doch sie habe nicht den Eindruck, dass diese einen positiven Effekt gehabt hätten. Sie erhoffte sich Hilfe von mir.

In unserem ersten persönlichen Gespräch schilderte sie mir folgendes schwierige Problem: „Ich kann mich an nichts freuen. Und das Problem ist, selbst wenn ich es könnte, ich wüsste nicht, was das sein könnte.“ Sie schilderte mir ihre Tage, die geprägt waren von einem sehr dichten und langen Arbeitsprogramm mit vielen Patienten, um die sie sich bemühte. Gleichzeitig die Verpflichtung, an ihrer Abteilung auch zum Forschen und für die Studenten da zu sein. Ihre Beziehung schilderte sie als gut, sie sei ihr sehr wichtig.

Ich erzählte ihr von meiner Vorstellung, dass unser Leben auf mehreren Standbeinen ruht: einem Ich-Standbein, einem Standbein der Familie und unserer sozialen Beziehungen und einem Standbein des Berufs. Ich malte mit einem dicken Stift einen Kreis auf einen Zettel und sagte: „Wenn das 100 Prozent Ihres Lebens sind – wie viel Platz haben die von mir genannten Bereiche?“

Sie nahm das Blatt und sagte rasch: „Ganz einfach.“ Sie teilte den Kreis so ein, dass etwa 75 Prozent für den Beruf und die restlichen 25 Prozent für die Familie blieben. Dann sah sie sich das Blatt nochmals an und sagte: „Es stimmt doch nicht ganz ...“ Sie änderte die Einteilung, nun hatten der Beruf 85 Prozent und die Familie 15 Prozent!

Ich fragte sie, was wohl ein außenstehender Beobachter zu diesem Diagramm sagen würde, und sie antwortete: „Das ist ohnehin klar – ich sollte weniger arbeiten. Aber das bringt mir überhaupt nichts – das wird sofort von meiner Familie aufgefressen!“

Auf die Idee, auch nur einen kleinen Bereich für ihr „Ich“ einzuzeichnen, war sie gar nicht gekommen! Und sie gab an, seit zehn bis 15 Jahren in einer solchen Situation zu leben! Nun konnte ich besser verstehen, wie es kam, dass sie sich an nichts freuen konnte und auch gar kein Gefühl mehr dafür hatte, worüber sie sich überhaupt freuen könnte – sie hatte ihrem „Ich“ überhaupt keinen Raum mehr gegeben. Plötzlich hatte ich ein Bild von ihrem „Ich“ in Gestalt einer Person vor mir – es war das traurige Bild eines mutlosen, kleinen Kindes, das von niemandem beachtet wird.

In den folgenden Gesprächen versuchten wir herauszufinden, wie meine Kollegin wieder mehr Freude empfinden könnte. Das war nicht leicht, es fehlte ihr schlichtweg die Vorstellung davon, wie das sein könnte. Doch eines Tages erzählte sie mir von folgender – amüsanten – Veränderung: Sie war Gelegenheitsraucherin, die etwa vier Zigaretten pro Woche rauchte. Dies tat sie heimlich, da sie wusste, dass ihr Mann das überhaupt nicht mochte. In der letzten Woche hatte sie nun erstmalig in ihrer langen Beziehung eine Zigarette vor seinen Augen geraucht. Das gab ihr das Gefühl, ein Stück sie selbst zu sein und das zu machen, was sie wirklich möchte. Und so klein dieser Schritt auch scheinen mag, keimten in ihr nun doch ein Fünkchen Hoffnung und sogar ein kleines Stückchen Freude.

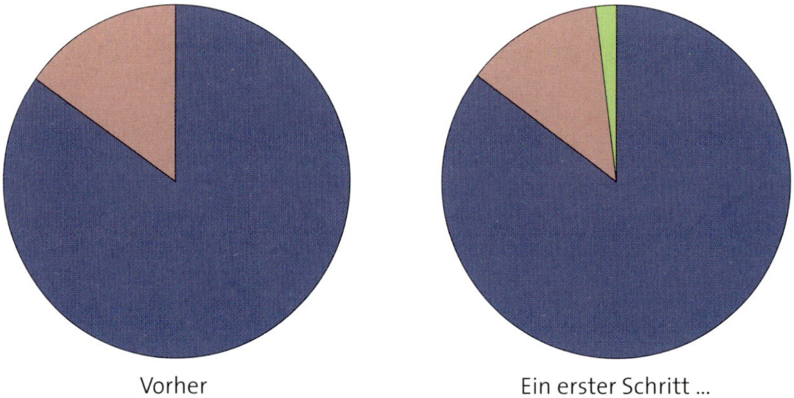

Vorher — Ein erster Schritt …

■ Beruf ■ Familie ■ ICH

Von da an begann sie, einige Dinge in ihrem Leben zu verändern, und die nächsten Schritte waren schon größer: So hatte sie ihrem Mann davon erzählt, wie gerne sie eigentlich Kinder gehabt hätte – mittlerweile war sie fast fünfzig, und beide hatten immer den Beruf in den Vordergrund gestellt. Sie hatte ihm das nie erzählt, da sie geglaubt hatte, es würde ihre Beziehung zu sehr belasten. Doch im Gegenteil – es zeigte sich, dass auch ihr Mann sich viele Gedanken zu diesem Thema gemacht hatte. Da ein eigenes Kind nun nicht mehr in Frage kam, fingen beide an, über eine Patenschaft nachzudenken.

Nun begann sie auch, sich von einigen Verpflichtungen zu befreien, die ihr an ihrer Abteilung aufgebürdet worden waren. Sie lernte, ihre Grenzen gegenüber fordernden Patienten zu wahren, ohne dass sie ihre große Fähigkeit zur Empathie verlor. Sie kümmerte sich nicht mehr um jede Kleinigkeit persönlich und sofort, sondern delegierte gewisse Tätigkeiten.

Als wir uns nach einer längeren Pause wieder sahen, saß mir eine Kollegin gegenüber, die wieder Freude empfinden konnte, die das Gefühl hatte, ein eigenes Leben zu leben, und deren Beziehung viel reichhaltiger geworden war – sie hatte ihr Ich wieder entdeckt!

Einer der Gründe für ihr Verhalten mag gewesen sein, dass ihre Mutter ihr sehr früh vorgelebt hatte, unangenehme Dinge vor dem sehr strengen Vater zu verheimlichen, und sie auch immer wieder dazu angehalten hatte. So war sie tief in ihrem Inneren daran gewöhnt, viele Dinge für sich zu behalten und heimlich zu machen. Erst als sie erkannte, dass der Preis dafür der Verzicht auf ihr Ich war, begann sie, diesen Umstand Schritt für Schritt zu ändern.

Wie sieht Ihr Lebenskreis aus? Wie viel Platz hat jeder Bereich?

Wie soll es in einem Jahr aussehen? Und was wäre ein erster Schritt dorthin?

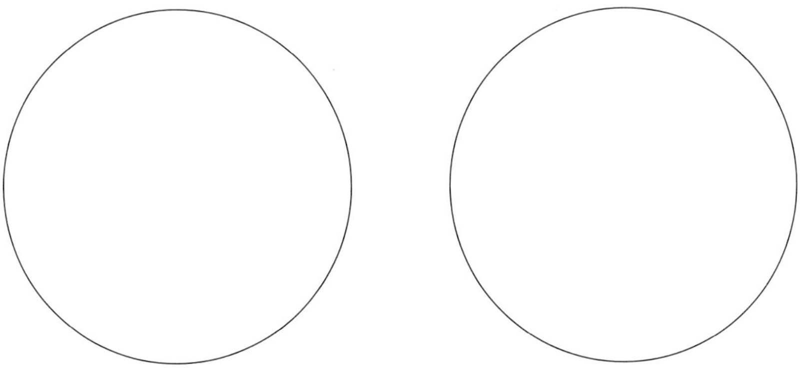

Jetzt

In einem Jahr

Für erfolgreichen Umgang mit Stress und zur Vermeidung von Burnout gibt es drei Eckpfeiler:

DIE DREI MASSNAHMEN GEGEN STRESS UND BURNOUT

Stresskompetenz	Das Ziel ist, Stress gar nicht erst entstehen zu lassen. Hier geht es darum, mögliche Stressauslöser und stressverursachende Situationen zu gestalten beziehungsweise ihnen vorzubeugen sowie unsere Kompetenz im Umgang damit zu erhöhen.
Stressbewertung	Hier geht es darum, die eigene Haltung, stressverschärfende Denkmuster, unsere inneren Antreiber und Angstmacher zu identifizieren und besser mit ihnen umgehen zu lernen.
Regeneration	Und schließlich brauchen wir immer wieder Phasen der Erholung oder auch die Möglichkeit, uns in einer stressreichen Situation zu entspannen und wieder zu Kräften zu kommen.

Stresskompetenz: Stress verhindern oder reduzieren

»Die Arbeit läuft nicht davon, während du mir einen Regenbogen zeigst. Aber der Regenbogen wartet nicht, bis du mit deiner Arbeit fertig bist!«

Paul-Henry Spaak

Stresskompetenz erlaubt uns zu verhindern, dass schädlicher Stress entsteht, oder zumindest schaffen wir es damit, schädlichen Stress zu verringern. Dies kann dadurch gelingen, dass wir häufige Stressoren identifizieren und durch entsprechende Maßnahmen verringern oder ausschalten (zum Beispiel wenn ich draufkomme, dass ich mit meiner Arbeit nicht fertig werde, weil ich dazwischen so viele E-Mails beantworten muss). Das beinhaltet Maßnahmen zur besseren Selbstorganisation, also Zeitmanagement, delegieren lernen, Grenzen setzen und Konflikte klären.

BEISPIELE FÜR STRESSKOMPETENZ (aus Kaluza 2007, mod.)

- Erweiterung fachlicher Kompetenzen: Information, Fortbildung, kollegialer Austausch;
- organisatorische Verbesserungen: Aufgabenverteilung, Ablaufplanung, Ablagesysteme etc.;
- Selbstmanagement – Optimierung der persönlichen Arbeitsorganisation: Prioritäten definieren, Zeitplanung, delegieren;
- Entwicklung sozial-kommunikativer Kompetenzen: anderen Grenzen setzen, sich aussprechen, Klärungsgespräche führen;
- Suche nach Unterstützung: sich helfen lassen, Netzwerk aufbauen;
- Problemlösekompetenzen entwickeln.

Soziale Beziehungen als Teil der Stresskompetenz

»Mmh ... I get by with a little help from my friends!«
The Beatles

Die sozialen Beziehungen, sei es nun im beruflichen oder privaten Umfeld, stellen eines unserer wesentlichen Lebens-Standbeine dar. Sie sind auch in schwierigen Zeiten eine wichtige Stütze. Wir wissen, dass gute soziale Beziehungen gesunderhalten und dass das Gefühl, isoliert zu sein, krankmacht. Doch umgekehrt können soziale Beziehungen auch zu einer unserer schwersten Belastungen werden: Wie gut lässt es sich auch in schwierigen Zeiten mit Kollegen arbeiten, mit denen man sich gut versteht, wo man einander hilft und an einem Strang zieht! Und wie mühsam oder sogar unaushaltbar wird es, wenn wir oft mit Kollegen zu tun haben, mit denen wir uns nicht verstehen, wenn wir Konflikte mit Kollegen oder mit dem Chef oder gar das Gefühl haben, systematisch benachteiligt zu werden!

FRAGEN ZU MEINEM ARBEITSPLATZ

- Wer unterstützt mich in meinem Unternehmen/an meinem Arbeitsplatz am meisten?
- Zu wem in meiner beruflichen Umgebung hätte ich gerne mehr Kontakt? Wann wäre eine Gelegenheit, diese Person wieder zu erreichen?
- Wie gut bin ich für andere ansprechbar und menschlich erreichbar? Diese Frage ist besonders wichtig, wenn Sie eine Führungskraft sind, die auch für andere Mitarbeiter Verantwortung trägt. Sind Sie nicht mehr für Ihre Mitarbeiter erreichbar, so verbreitet sich dies wie ein Flächenbrand in Ihrer Mannschaft.
- Angenommen, ich würde Ihre Kollegen fragen: Wie kontaktbereit würde man Sie einschätzen?

Grenzen setzen

Wie oft haben Sie in Ihrem Alltag das Gefühl, dass andere über Ihre Grenzen gehen? Wie oft gehen Sie selbst über Ihre Grenzen? Gerade in Berufen, in denen man mit anderen Menschen arbeitet, kommt der ersten Frage eine entscheidende Bedeutung zu. Viele Ärzte, Krankenschwestern oder Sozialarbeiter leiden darunter, dass ihre Patienten oder Klienten immer wieder über ihre Grenzen gehen, immer mehr fordern, Hilfe zu jeder Zeit erwarten und dass dies immer mit einem Lächeln passiert. Auch in vielen anderen Berufen stehen die Menschen vor ähnlichen Problemen. Gleichzeitig möchten wir unsere Fähigkeit, Mitgefühl zu empfinden, nicht verlieren. Wir wollen keine Mauern um uns aufbauen, die niemand mehr durchdringen kann ...

EINE ÄRZTIN, DIE MAUERT?

Anneliese, eine 29-jährige Kollegin in der Turnusausbildung, stöhnte: „Seit ich auf der Onkologie arbeite, bin ich nur mehr erschöpft und immer wieder traurig – ganz anders als früher. Die vielen krebskranken Patienten tun mir so leid, und im Dienst wollen alle so viel von mir, dass ich gar nicht nachkomme. Besonders belastet mich eine Patientin, der immer noch etwas einfällt, wenn ich ihr Zimmer verlassen möchte. Und dann macht sie das auch noch in einem anklagenden und weinerlichen Ton! Ich kann dann einfach keine Grenze setzen!"

Anneliese saß vor mir, neben ihr war ein leerer Stuhl. Ich fragte sie, wie es sich für sie anfühlen würde, wenn diese Patientin jetzt gerade neben ihr säße. Sofort richtete sich Anneliese in ihrem Stuhl auf, wurde ein bisschen rot im Gesicht und lehnte sich mit ihrem Oberkörper von dem Nachbarstuhl weg. „Da fühle ich mich ganz bedrängt, so als würde sie sich auf meinen Schoß setzen wollen. Plötzlich fühlt es sich ganz unangenehm an, hier zu sitzen."

Ich fragte sie, was wohl anders wäre, wenn es zwischen ihr und der Patientin eine Grenze gäbe und was das wohl für eine Grenze wäre: eine Mauer, ein Zaun, ein Strich oder ein Graben. Sie sagte: „Es wäre für mich viel entspannender, am liebsten hätte ich eine Mauer zwischen ihr und mir."

Nun begannen wir zu überlegen, wie diese Mauer wohl beschaffen sein müsste, und Anneliese konstruierte im Geist eine Mauer aus Ziegeln, die aber nur bis zur Hüfte ging. Denn sie wollte sehr wohl noch Kontakt zu der Patientin haben können und ihr sozusagen etwas über die Mauer reichen können. Als wir uns dieses Bild fertig ausgemalt hatten, meinte Anneliese, dass es sich nun wesentlich besser auf ihrem Stuhl sitze, dass sie sich auch in Anwesenheit der Patientin entspannen und dennoch mit ihr in Kontakt sein könne.

Ich fragte Anneliese nun, ob diese Mauer für die Patientin nur Nachteile brächte, und ließ sie selbst auf dem Stuhl der Patientin Platz nehmen.

Als wir uns gemeinsam vorstellten, wie es ohne und mit der neuen Mauer wäre, sagte Anneliese: „Als Patientin fühle ich mich sogar wohler, wenn diese Mauer da ist. Denn ohne die Mauer spüre ich die Aggressionen der Ärztin ganz genau, und wenn die Mauer da ist, so kann ich hauptsächlich spüren, dass sie mir helfen möchte. Gleichzeitig habe ich nicht ständig das Bedürfnis, noch näher zu ihr zu kommen, sondern fühle mich stärker und spüre, dass ich meinen Teil meiner Probleme auch selbst bewältigen kann."

Anschließend begannen wir, dieses Bild der Mauer in die ganz konkrete Alltagssituation von Anneliese mit der Patientin zu übertragen. Ich fragte sie, woran die Patientin tatsächlich erkennen könne, dass diese Mauer da sei. Was würde Anneliese anders machen, wie würde sie sprechen, was würde sie der Patientin mitteilen? So gelangten wir zu einem klaren Plan, was Anneliese tun würde, wenn sie das nächste Mal bei der Patientin wäre, und wie sie ihr ganz genau mitteilen würde, dass sie nun aus dem Zimmer gehen werde, um sich um andere Patienten zu kümmern, dass sie aber später nochmals wiederkommen würde und dass sie bemüht sei, der Patientin bestmöglich zu helfen.

In vielen Seminaren zum Thema Grenzensetzen wird gesagt: „Sie müssen öfter Nein sagen!" Doch viele Menschen wissen gar nicht, wie sie das anstellen sollen. Für mich als Coach ist das Thema „Neinsagen" eine besondere Herausforderung, denn ich möchte mit meinen Klienten an positiven Zielen arbeiten, und was wäre am Neinsagen wohl positiv? Ich glaube, es reicht nicht aus, sich einfach vorzunehmen: „Heute sage ich öfter Nein!" Ich möchte Ihnen vorher viel lieber folgende Frage stellen: „Wenn Sie Nein sagen möchten, was wollen Sie denn damit erreichen? Was wäre anders, wenn es Ihnen öfter gelingen würde, wofür würde es sich lohnen?"

Ich möchte öfter Nein sagen, um .... zu erreichen.

Denn dann geht es mir..., und das merke ich daran,

dass, ...

Und der erste Mensch, der es außer mir merken würde, wäre ....,

und er/sie würde es daran merken, dass ich nicht mehr ....,

sondern ....

ANDERE BEISPIELE FÜR DAS SETZEN VON GRENZEN:

- Das Telefon für eine bestimmte Zeit umleiten;
- ein Schild „Bitte nicht stören“ verwenden;
- feste Sprechzeiten einrichten und den Gesprächspartner schon zu Beginn auf die zur Verfügung stehende Zeit hinweisen;
- ein tägliches Limit für Besprechungen setzen und einhalten;
- den Papierkorb (die Löschtaste) nutzen.

Bitte nicht stören!

Prioritäten setzen

Der italienische Ökonom Vilfredo Pareto beobachtete bereits im 19. Jahrhundert, dass in seinem Land 80 Prozent des Einkommens von nur 20 Prozent der Bevölkerung erarbeitet wurden. In unser Leben übersetzt bedeutet dies: Durch Erledigung von 20 Prozent der wichtigsten Dinge und Ziele in unserem Leben werden wir 80 Prozent von jener Zufriedenheit erlangen, die wir durch Erledigung aller Dinge bekommen hätten. Was sagt Ihnen dies für Ihr eigenes Leben? Wäre es wirklich so schlimm, wenn Sie manche der Aufgaben nicht erledigen würden?

Auch der ehemalige US-Präsident Dwight D. Eisenhower hat uns etwas zu sagen: Kennen Sie den Unterschied zwischen „wichtig“ und „dringlich“? Wichtig sind Aufgaben, die der Erreichung Ihrer eigenen Ziele dienen. Die Wichtigkeit bestimmen Sie daher selbst. Dringlich sind Aufgaben, die zu einem bestimmten Zeitpunkt fertig sein müssen. Dies wird uns oft von außen vorgegeben. Wenn wir nun Wichtigkeit und Dringlichkeit zueinander in Beziehung setzen, kommen wir zu vier Stufen der Priorität:

A-Priorität	Dinge, die sowohl wichtig als auch dringlich sind. Sie müssen sofort erledigt werden.
B-Priorität	Dinge, die wichtig, aber nicht so dringlich sind (z. B. Planung, Strategien). Diese Aufgaben müssen geplant, es muss ein rechtzeitiger Termin gefunden werden.
C-Priorität	Dinge, die zwar für Sie nicht wichtig, dafür aber dringlich sind – Telefonate, E-Mails, Besprechungen, Unterbrechungen, Anfragen. Hier ist es einerseits wichtig, dass Sie sich klar machen, welche dieser Tätigkeiten Sie ablehnen können, und andererseits, welchen Teil davon Sie an andere abgeben, also delegieren können.
D-Priorität	Dinge, die weder wichtig noch dringlich sind. Ein klarer Fall für den Papierkorb!

Zeitplanung

»Die meiste Zeit wird vergeudet bei dem Versuch, Zeit zu sparen!«

Eine gute Zeitplanung ist nicht nur dafür wichtig, dass Sie noch mehr Dinge in Ihrem ohnehin schon überfüllten Alltag unterbringen können, sondern bringt Ihnen noch ganz andere Vorteile: Sie erlaubt es Ihnen, wirklich bei der Sache zu sein, die Sie gerade machen, was heißt, dass Sie diese daher auch effizienter erledigen. Sie können Dinge abarbeiten und anschließend mit Gelassenheit Ihre Freizeit genießen. Sie können auch Ihren Erfolg bei der Erledigung von Aufgaben kontrollieren, und Sie werden weniger, vielleicht sogar wichtige, Aufgaben vergessen. Doch bevor ich lange weiterschreibe, lesen Sie doch einfach die folgende Geschichte, die uns mehr sagt als lange Abhandlungen über gutes Zeitmanagement ...

DER KRUG DES LEBENS

Eines Tages wurde ein alter Professor gebeten, für eine Gruppe von etwa 15 Chefs bedeutender Unternehmen eine Vorlesung über sinnvolle Zeitplanung zu halten. Dieser Kurs war eine von fünf Stationen ihres eintägigen Lehrgangs.

Der Professor hatte daher nur eine Stunde Zeit, sein Wissen zu vermitteln. Zuerst betrachtete der Professor in aller Ruhe einen nach dem anderen dieser Elitegruppe (sie waren bereit, alles, was der Fachmann ihnen beibringen wollte, gewissenhaft zu notieren). Danach verkündete er: „Wir werden ein kleines Experiment durchführen."

Der Professor zog einen riesigen Glaskrug unter seinem Pult hervor, das ihn von seinen Schülern trennte, und stellte ihn vorsichtig vor sich hin. Dann holte er etwa ein Dutzend Kieselsteine, etwa so groß wie Tennisbälle, hervor und legte sie sorgfältig, einen nach dem anderen, in den großen Krug. Als der Krug bis an den Rand voll war und kein weiterer Kieselstein mehr darin Platz hatte, blickte er langsam auf und fragte seine Schüler: „Ist der Krug voll?" Und alle antworteten: „Ja."

Er wartete ein paar Sekunden ab und fragte seine Schüler: „Wirklich?" Dann verschwand er erneut unter dem Tisch und holte einen mit Kies gefüllten Becher hervor. Sorgfältig verteilte er den Kies über die großen Kieselsteine und rührte dann leicht den Topf um. Der Kies verteilte sich zwischen den großen Kieselsteinen bis auf den Boden des Krugs. Der Professor blickte erneut auf und fragte sein Publikum: „Ist dieser Krug voll?"

Dieses Mal begannen seine schlauen Schüler, seine Darbietung zu verstehen. Einer von ihnen meinte: „Wahrscheinlich nicht!" „Gut!", antwortete der Professor! Er verschwand wieder unter seinem Pult, und diesmal holte er einen Kübel mit Sand hervor. Vorsichtig kippte er den Sand in den Krug. Der Sand füllte die Räume zwischen den großen Kieselsteinen und dem Kies auf. Wieder fragte er: „Ist dieses Gefäß voll?" Dieses Mal antworteten seine Schüler ohne zu zögern im Chor: „Nein!"

„Gut", antwortete der Professor. Und als hätten seine wunderbaren Schüler nur darauf gewartet, nahm er die Wasserkanne, die unter seinem Pult stand, und füllte den Krug bis an den Rand. Dann blickte er auf und fragte seine Schüler: „Was können wir Wichtiges aus diesem Experiment lernen?"

Einer der Schüler dachte an das Thema der Vorlesung und antwortete: „Daraus lernen wir, dass, selbst wenn wir denken, dass unser Zeitplan schon bis an den Rand voll ist, wir immer noch einen Termin oder andere Dinge, die zu erledigen sind, einschieben können, wenn wir es wirklich wollen."

„Nein", antwortete der Professor, „darum geht es nicht. Was wir wirklich aus diesem Experiment lernen können, ist Folgendes: Wenn man die großen Kieselsteine nicht als erstes in den Krug legt, werden sie später niemals alle hineinpassen." Es folgte ein Moment des Schweigens. Jedem wurde bewusst, wie sehr der Professor Recht hatte.

Dann fragte der Professor: „Was sind in eurem Leben die großen Kieselsteine?
Eure Gesundheit?
Eure Familie?
Eure Freunde?
Die Realisierung eurer Träume?
Das zu tun, was euch Spaß macht?
Dazuzulernen?
Eine Sache verteidigen?
Entspannung?
Sich Zeit nehmen ...?
Oder etwas ganz anderes?

Was wirklich wichtig ist, ist dass man die großen Kieselsteine in seinem Leben an die erste Stelle setzt! Wenn nicht, läuft man Gefahr, es nicht zu meistern ... sein Leben. Wenn man zuallererst auf Kleinigkeiten achtet (den Kies, den Sand), verbringt man sein Leben mit Kleinigkeiten und hat nicht mehr genug Zeit für die wichtigen Dinge. Deshalb vergesst nicht, euch selbst die Frage zu stellen: ‚Was sind die großen Kieselsteine in meinem Leben?' Dann legt diese zuerst in euren Krug des Lebens!"

Mit einem freundlichen Wink verabschiedete sich der alte Professor von seinem Publikum und verließ langsam den Saal ...

Wenn Sie nun fast schon Lust bekommen haben, Ihre Zeit besser einzuteilen, hier noch ein paar Tipps:

- Den größten Erfolg verspricht eine **schriftliche Zeitplanung**, die von einer einfachen Liste bis zu einem komplexen Planbuch mit Projektmanagement reichen kann.
- Beachten Sie bei alledem Ihre **eigene Leistungskurve**, und legen Sie nach Möglichkeit die wichtigen Dinge in diejenigen Zeiten, in denen Sie die meiste Energie haben.
- **Pausen** sind Teile einer guten Zeitplanung, da sie Ihnen – wenn Sie sie richtig gestalten – erlauben, wieder Ruhe und Energie zu gewinnen.
- Zeitmanagement ist Terminmanagement: Wenn Sie Ihre Termine zu dicht aneinander legen, bleibt keine Zeit für unvorhergesehene Aktivitäten, die erfahrungsgemäß häufig auftreten. Planen Sie daher ausreichend **Pufferzeiten** zwischen Ihren Terminen ein. Hierfür ist es auch notwendig, den Zeitbedarf für Ihre Tätigkeiten **realistisch** einzuschätzen.

Unterstützung suchen und delegieren

Wie gut sind Sie darin, andere um Hilfe zu fragen und Aufgaben abzugeben (und dabei in Kauf zu nehmen, dass diese vielleicht nicht genau so erfüllt werden, wie Sie es selbst getan hätten)? Vermeiden Sie es, Unterstützung zu suchen, weil Sie sich dann verpflichtet fühlen?

Wenn Sie in Ihrem Alltag Aufgaben identifiziert haben, die nicht so wichtig für Sie sind, können Sie sich auch gleich darüber Gedanken machen, wer statt Ihnen diese Aufgaben erledigen könnte. Häufig erledigen wir viele der anfallenden Tätigkeiten, sei es am Arbeitsplatz oder zu Hause, selbst, weil wir glauben, dass nur wir es wirklich richtig machen können, oder weil wir der Meinung sind, dass es weniger Arbeit ist, wenn wir es gleich selbst machen als jemanden anzuleiten oder sich auf Diskussionen einzulassen. Das Problem: Mit dieser Einstellung wird sich auch nichts daran ändern. Wie lange möchten Sie es noch so belassen?

Wenn Sie draufkommen, dass Sie einige Tätigkeiten abtreten könnten, überlegen Sie am besten Folgendes:

- An wen kann ich diese Aufgabe delegieren?
- Wie kann ich die Person dazu motivieren, diese Aufgabe zu erledigen?

Eines ist klar: Am besten gelingt Motivation durch Komplimente bzw. Anerkennung der Kompetenzen und Fähigkeiten von jemandem. Versuchen Sie, nicht zu pedantisch zu sein, wenn Sie eine Aufgabe einmal delegiert haben (außer Sie sehen, dass die Person es gänzlich falsch macht). Nichts ist demotivierender als dauerndes kritisch-korrigierendes Einschreiten. Wenn Sie einmal eine Person für diese Aufgabe ausgewählt haben, trauen Sie es ihr grundsätzlich auch zu und verhalten Sie sich entsprechend (außer die Aufgabe erfordert aktives Anlernen).

Wenn Sie mit anderen Personen zusammenleben, fallen Ihnen möglicherweise (ziemlich sicher) auch einige Tätigkeiten zu Hause ein, die Sie an andere delegieren könnten. Denn gerade hier gilt: „Einer für alle und alle für einen." Jeder im Haushalt kann und soll eine dem Alter entsprechende Rolle bei der Verteilung von Pflichten und Verantwortung bekommen. Versuchen Sie, Ihre Familie nicht gleich zu überfordern, wenn bisher Sie den Löwenanteil des Haushalts erledigt haben. Übergeben Sie explizit ein bis zwei Tätigkeiten an jedes Mitglied, oder teilen Sie die Tätigkeiten anhand einer Liste zu. Vielleicht gelingt es Ihnen sogar, mit Ihren Haushaltsmitgliedern in Ruhe über eine gerechtere Verteilung zu sprechen.

Konflikte klären, Ärger ausdrücken

Welche Rolle spielt wohl Ihr Ärger auf manche Kollegen oder auf Ihren Vorgesetzten für Ihre berufliche Zufriedenheit? Wie viel Energie geht dabei verloren, die Konflikte nicht ausbrechen zu lassen, sondern ständig mit ihnen zu leben? Erstellen Sie eine Liste von jenen Menschen, auf die Sie (einen leisen oder lauteren) Groll empfinden. Nun zeichnen Sie einen Kreis und überlegen, wie groß die Anteile der jeweiligen Personen an Ihrem gesamten Groll sind. Füllt eine Person fast die gesamte Fläche aus, oder gibt es viele kleine Tortenstücke? Überlegen Sie für jedes Tortenstück Ihren eigenen Einflussbereich von null bis hundert Prozent auf die Klärung dieses Konflikts oder auf das Verschwinden des Ärgers. Was wäre wohl anders für Sie, wenn Sie auf manche dieser Menschen keinen Ärger

haben bräuchten? Wenn Sie Ihr eigener Berater wären – was würden Sie sich wohl für jedes dieser Tortenstücke raten? Überlegen Sie einmal, wie viel Lebensenergie tagtäglich für diesen unterdrückten Ärger verloren geht. Möglicherweise können Sie diese Personen auch nicht direkt ändern, sondern nur Ihre eigene Haltung diesen Personen gegenüber.

Noch ein Gedanke dazu: Menschen können genauso durch Ärger (und manchmal sogar Hass) aneinander gebunden sein wie durch Liebe. Wollen Sie wirklich an all jene Personen gebunden sein, die den Kreis ausfüllen?

Die Strategien und Vorgangsweisen, um dieses Problem zu lösen, werden wahrscheinlich für jede der Personen im Kreis andere sein. Für den Konflikt mit der einen Person braucht es vielleicht ein klärendes Gespräch, ein anderes Mal möchte man schlicht und einfach seinen Ärger und Unmut ausdrücken, und wieder ein anderes Mal wäre es vielleicht von Nachteil, wenn Sie den Konflikt offen ansprechen. Gerade in diesem letzten Fall ist es besonders wichtig und natürlich oft auch besonders schwierig, gut mit der Situation umzugehen. Verdrängen Sie nicht, dass für Sie ein Problem besteht, sondern versuchen Sie, Ihren eigenen Umgang mit dieser Situation aktiv und positiv zu gestalten. Eine scheinbare, aber erzwungene Gleichgültigkeit bestimmten Personen gegenüber kostet mehr Energie, als Sie glauben! Sich mit einem ungeklärten Konflikt abzufinden, ist etwas ganz anderes, als zu lernen, die betreffende Person zu akzeptieren.

Stressbewertung: Stress machen Sie selbst – Entspannung auch

»Es ist leicht, das Leben schwer zu nehmen,
es ist schwer, das Leben leicht zu nehmen.«

Nicht nur äußere Belastungen machen uns das Leben schwer. In vielen Fällen liegt der Keim des Stresses in uns selbst: Durch mangelnde Übereinstimmung zwischen inneren und äußeren Wertesystemen einerseits und durch mangelnde Übereinstimmung zwischen den eigenen (wahren) Motivationen (Trieben) andererseits – von Freud auch als Über-Ich und Es bezeichnet – kommt es zu vermehrtem Auftreten von – oft unbewussten – Schuld- und Schamgefühlen, Angst, Wut und Depressionen. Dies betrifft auch nicht erfüllte Bedürfnisse wie solche nach sozialer Bindung, Selbstbehauptung, Sexualität und nicht ausgelebte Gefühle.

Wie schon weiter oben beschrieben, steht außerdem vor der Reaktion auf einen Stressreiz dessen emotionale und geistige Bewertung durch uns. Und gerade hier liegt der Ursprung von sehr viel Stress, den wir uns selbst machen. Viele unserer lang gewohnten oder angelernten Gedankengänge führen dazu, dass wir uns selbst viel mehr Stress bereiten, als eigentlich angebracht wäre.

So wichtig gute Organisation und Zeitmanagement zur Stressreduktion auch sind, die Entwicklung einer stressreduzierenden inneren Haltung ist mindestens ebenso wichtig. Beim mentalem Stressmanagement geht es darum, sich selbstkritisch eigener stresserzeugender oder -verschärfender Muster, Einstellungen und Bewertungen bewusst zu werden und diese allmählich zu verändern. Vielleicht denken Sie jetzt: „Leichter gesagt als getan!“ Damit haben Sie völlig Recht. Unsere stressverschärfenden Denkmuster nehmen wir in der Regel schon aus unserer Kindheit mit. Möglicherweise sind sogar traumatische Erfahrungen die Basis mancher unserer Verhaltensweisen. Doch lassen Sie sich nicht entmutigen:

„Es gibt kein Problem, das nicht durch Entwicklung gelöst werden kann“, sagte einmal ein mir bekannter Psychotherapeut. Entwicklung bedeutet nicht, dass ich von einem Tag auf den anderen alles völlig anders mache, sondern dass ich in kleinen, aber konkreten Schritten eine Veränderung herbeiführe. Nun werden Sie vielleicht denken: „Aber WIE soll ich das denn machen?“ Überlegen Sie lieber folgende Frage: „WAS mache ich anders, wenn es mir gelingt? Und wer außer mir wird es noch merken?“

Es geht hier nicht darum, alles durch die rosarote Brille zu sehen und sich ständig nur vorzusagen: „Ich bin gut!“ Dieses Rezept ist wenig erfolgversprechend, auch wenn viele – meist selbst ernannte – „Gurus“ Ihnen anderes suggerieren möchten.

Die Realität annehmen

„Annehmen“ bedeutet, die Situation so zu akzeptieren, wie sie ist – als Teil meines Berufs, als Teil meines Lebens. Es bedeutet nicht, sich mit etwas abzufinden und dabei zu resignieren. Es bedeutet auch nicht, wichtige Dinge nicht mehr ändern zu wollen und sie einfach so zu belassen. Es bedeutet vielmehr ein „kurzes Innehalten“, eine Betrachtung dessen, was gerade passiert, um erst dann zu entscheiden, wie ich damit umgehen möchte. Oft gewinne ich erst dadurch die nötige Distanz, um mit einem Problem besser fertig zu werden anstatt damit zu hadern.

Selbstverständlich muss und kann nicht alles in dieser Welt angenommen werden. Das gilt insbesondere für offenkundiges Unrecht oder Leid und Leiden, die sich bei entsprechendem Einsatz lindern lassen. Auch dort, wo es Dinge zu verbessern gibt, ist sofortiges Annehmen nicht unbedingt der sinnvollste Ansatz. Der Vorschlag, unser Schicksal, andere Menschen oder besondere Situationen anzunehmen, soll uns davor schützen, unnötige (!) Energien zu verschwenden oder dort mit unserem Schicksal zu hadern, wo wir an die Grenzen unserer Einflussmöglichkeiten stoßen.

Sehr schön beschreibt dies der folgende Ausspruch:

»Gott gebe mir die Gelassenheit, hinzunehmen,
was nicht zu ändern ist,
den Mut, zu ändern, was ich ändern kann,
und die Weisheit, das eine vom anderen zu unterscheiden.«

Damit wird klar, dass „Wahrheit" und „Lösung" nichts allgemein Verbindliches sind, sondern im Einzelfall immer wieder neu gefunden werden müssen.

Meine Ansprüche an mich selbst

Wesentlichen Anteil an der Stressentstehung haben oft unsere Ansprüche an uns selbst. Einerseits sind wir häufig unser schärfster Kritiker, und andererseits scheinen uns diese Ansprüche ganz selbstverständlich. Doch bis zu welchem Punkt sind unsere Ansprüche an uns selbst förderlich, geben uns Energie und Zielgerichtetheit, und ab wann sind sie schädlich?

Gehören Sie auch zu denjenigen (meist Frauen), die unbedingt besonders gut aufräumen müssen, bevor die Gäste kommen? Die die Begegnung mit lieben Freunden gar nicht genießen können, wenn sie das Gefühl haben, dass die Wohnung unaufgeräumt ist?

Die junge Ärztin Renata kam zu mir ins Coaching. Sie arbeitete seit zwei Jahren im Spital, hatte sechs bis sieben Nachtdienste pro Monat und zwei kleine Kinder, um die sie sich fast ausschließlich selbst kümmern musste. Außerdem musste sie immer wieder zu ihrer kranken Mutter nach Polen fahren. Ihr Anliegen für unser Gespräch war: „Wie kann ich mehr leisten? Andere leisten doch auch viel mehr!"

Für Renata waren diese Ansprüche an sich selbstverständlich, wie geht es Ihnen, wenn Sie dies lesen?

Wenn Sie zu den Menschen mit besonders hohen Ansprüchen an sich selbst zählen (am besten lassen Sie das einen nahe stehenden Menschen beurteilen), denken Sie an Ihre Kindheitserfahrungen: Wer hat damals besonders hohe Ansprüche an Sie gestellt? Welche Ansprüche stellten Ihre Mutter und Ihr Vater an sich selbst? Was wurde Ihnen vorgelebt? Und welche Belastung wurde Ihnen von Ihrer Mutter oder von Ihrem Vater weitergegeben? Was wäre anders, wenn Sie diese Belastung wieder zurückgeben könnten?

DER MÜHLSTEIN UM DEN HALS

Martin, erfolgreicher Marketingleiter einer Supermarktkette, kam wegen wiederkehrender Depressionen zu mir. Er beschrieb sein Lebensgefühl so, als trüge er einen Mühlstein um seinen Hals. In einem unserer Gespräche fragte ich ihn nach seinem Vater. Martin sagte, sein Vater habe immer so einen ernsten und traurigen Blick gehabt, als sei er eingesperrt. Es stellte sich heraus, dass Martins Großvater früh verstorben war und sein Vater, der älteste von drei Geschwistern, sehr rasch einen Beruf als Bankbeamter ergreifen musste, um die Familie über Wasser zu halten. Eigentlich hatte er studieren wollen und war als Bursch sehr kreativ gewesen. So übte er sein Leben lang einen Beruf aus, den er nicht mochte und der ihn an der Entfaltung seiner kreativen Fähigkeiten hinderte. Außerdem saßen ihm der tragische frühe Tod seines eigenen Vaters, die Verzweiflung der Mutter und die Krisensituationen der Familie, für die er viel zu früh Verantwortung übernehmen musste, sein Leben lang in den Knochen.

Ich ließ Martin mit Symbolen im Raum seine eigene Position und die seines Vaters aufstellen. Als ich ihn einlud, sich an seine eigene Position zu stellen, hatte er sofort wieder das Gefühl, einen Mühlstein um den Hals zu haben. Das war auch sichtbar: Er stand mit hängenden Schultern, etwas nach vorne hängendem Kopf, den Blick nach unten gerichtet. Ich fragte ihn, ob er sich vorstellen könne, diesen Mühlstein vom Hals zu nehmen und demjenigen zurückzugeben, dem er gehörte (seinem Vater). Ich ließ ihn dazu folgende Sätze sprechen: „Ich gebe dir diese Last zurück. Sie gehört mir nicht und hat mich lange genug beschwert. Ich achte dich dafür, dass du diese Last getragen hast, aber nun lege ich sie wieder zu dir."

Unmittelbar danach stand Martin plötzlich ganz anders auf seinem Platz, mit gehobenen Schultern und erhobenen Hauptes und mit offenen, nach vorne gerichteten Augen. Er lächelte und sagte: „Ich fühle mich viel leichter, das ist ein ganz anderes Lebensgefühl!"

In der Folge arbeiteten wir daran, immer konkreter zu überlegen, woran Martin dieses neue Lebensgefühl in seinem Alltag bemerken würde, was er anders machen würde und wer außer ihm es wohl noch bemerken würde. Diese eine Stunde war zum Ausgangspunkt zahlreicher positiver Veränderungen in Martins Leben geworden.

WAS OFT DAHINTER STECKT: DIE GEDANKEN ANDERER

Mit Michaela, zuständig für die Entwicklung eines großen Elektronikkonzerns in Osteuropa, hatte ich schon einige konkrete Schritte erarbeitet, wie sie ihre Burnout-Gefährdung verringern könne: pünktlicher nachhause gehen, Mittagspause einhalten und manches nicht so perfekt machen, wie sie es gewohnt war. Doch Michaela sagte immer wieder, sie wisse nicht, wie sie das schaffen könne. Als ich sie fragte, wohin sie dieser von uns entwickelte Weg wohl führen würde, sagte sie spontan: „Das ist der Weg ins Glück!“ Als ich sie fragte, wohin der andere Weg, den sie bisher beschritten hatte, wohl geführt hätte, sagte sie: „Das ist der Weg ins Verderben.“

Wir legten gemeinsam symbolisch diese beiden Wege im Raum auf, und ich fragte sie, was sie wohl vom Weg ins Glück abbringen und wieder auf den Weg ins Verderben führen könne. Da antwortete sie: „Ja ganz klar, die Gedanken anderer!“ Für Michaela war es von großer Wichtigkeit, was die anderen Kollegen im Büro über sie dachten. Das hinderte sie daran, die oben genannten Änderungen umzusetzen. Erst allmählich kamen wir darauf, warum dies für sie so wichtig war: Ihr Vater war als Unternehmer von seinem Partner betrogen worden und daraufhin in Konkurs gegangen. Dieses Ereignis hatte sich tief in die Familie eingeprägt – auch was die Achtung im Bekanntenkreis nach dem Konkurs anlangt – und war einer der wesentlichen Gründe, warum für Michaela „Gedanken anderer“ so wichtig waren: Sie versuchte alles, um diese Gedanken vor allem ihrer Kollegen und Vorgesetzten möglichst positiv zu beeinflussen. So wollte sie ihre Berufslaufbahn sichern, um damit ihr aus der Vergangenheit resultierendes großes Sicherheitsbedürfnis zu befriedigen. (Zur Vision von Michaela lesen Sie mehr in „Vom Schnellzug ins Lavendelfeld“ auf Seite 130).

Meine Leistungsgrenzen

Gerade Menschen, die stressbelastet oder Burnout-gefährdet sind, fällt es besonders schwer, ihre eigenen Leistungsgrenzen zu akzeptieren. So gehen sie immer wieder über diese Grenzen hinaus, ohne auf die Signale ihres Körpers und ihrer Seele zu achten. Viele Menschen kommen zu mir, weil sie unter sehr unangenehmen Symptomen leiden: von Ängsten über Schlaflosigkeit, Kopfschmerzen, Depressionen, Herzbeschwerden, Zittern, Verdauungsbeschwerden und vielen anderen. Was bekommen sie von mir zu hören? Eine meiner wichtigsten Aussagen ist immer wieder: Unser Körper und unsere Seele haben eine jahrmillionenalte Weisheit in sich, die uns sagt, was gut und was schlecht für uns ist. So versuchen sie auch mit uns Kontakt aufzunehmen und uns Signale zu schicken, wenn etwas für uns schädlich ist. So unangenehm z. B. Schmerzen sind – hätten wir keine

Schmerzen, könnten wir nicht lange überleben, da wir schädliche Einflüsse gar nicht wahrnehmen würden.

Welche Ihrer Beschwerden, die Sie vielleicht dauernd oder nur manchmal haben, stellen möglicherweise solche Signale dar?

Innere Distanz

Neigen Sie dazu, aus einer Mücke einen Elefanten zu machen? Geraten Sie bei Anforderungen rasch in Stress? Dann ist es für Sie hilfreich, die Dinge wieder ins rechte Verhältnis zu setzen und zu relativieren (nicht zu bagatellisieren!):

- Wie werde ich in einem Jahr über diese Situation nachdenken?
- Was ist wohl wichtiger als dieses Problem?
- Wie würde jemand damit umgehen, der dieses Problem leichter nimmt als ich?
- Angenommen, ich hätte mehr Abstand, was wäre dann anders und wie würde ich anders mit dem Problem umgehen?

Gehirnhygiene

Ein weiteres häufiges Muster ist das Führen negativer Selbstgespräche: die stressauslösende Situation immer wieder in Gedanken durchzuspielen; sich immer wieder zu sagen, was nun alles passieren wird; immer wieder zu überlegen, was Negatives passieren könnte, auch wenn die objektive Gefahr gering ist; nur mehr an das zu denken, was nicht funktioniert usw.

Je öfter Sie auf eine bestimmte Weise denken, umso stabiler werden genau diese Nervenbahnen. So als würde sich überall dort, wo viel Verkehr ist, im Lauf der Zeit eine Autobahn ausbilden (was ja auch immer wieder geschieht, mit der Folge, dass nun noch mehr Verkehr angezogen wird). Wenn wir also häufig negative Gedanken haben, werden sich die dazugehörigen Nervenverbindungen gegenüber anderen (z. B. solchen, die mit positiven Gedanken verbunden sind) immer mehr festigen und behaupten. So betreiben wir tatsächlich gedankliche „Gehirnverschmutzung“.

Diese Erkenntnis ist nicht nur negativ, sondern bedeutet im Gegenteil auch, dass wir aktiv etwas für unsere „Gehirnhygiene" tun können. Es mag vielleicht nicht so einfach scheinen, „positiv" zu denken. Nun, wir müssen ja auch nicht immer denken – wir können auch etwas anderes tun. Wenn Sie beginnen, sich statt mit Ihren negativen Gedanken mit etwas anderem zu beschäftigen, wird es Ihnen leichter gelingen, etwas Abstand zu gewinnen, eine neue Perspektive einzunehmen oder schließlich auch etwas anderes zu denken. Denn es steuert nicht nur unser Gehirn unseren Körper – es gilt auch umgekehrt! Wenn Sie in Bewegung sind, kommen Sie auch gedanklich nach einiger Zeit in Bewegung. Und wenn Sie etwas anderes tun, so wird sich Ihre Aufmerksamkeit auch darauf richten. Einige Anregungen dafür finden Sie später (siehe „Tu etwas anderes!", Seite 92).

Ich und meine Wut

Wir sind alle manchmal wütend. Oft mit gutem Grund. Und: Die Fähigkeit, wütend zu werden, ist tief in uns gespeichert. Wut aktiviert uns, verleiht uns Kraft und macht uns durchsetzungsfähiger. Dennoch wissen Sie vielleicht gar nicht, wie viele kleine Situationen Sie immer wieder wütend und ärgerlich machen – und das sind die Situationen, die uns bei häufiger Wiederholung tatsächlich krankmachen können. Die – oft unterdrückte – Wut löst einen körperlichen Stresszustand mit all den möglichen negativen Folgen aus.

So fand man in einer Langzeituntersuchung heraus, dass Menschen, die auf einer Feindseligkeits-Skala besonders hoch lagen, viel häufiger bereits vor dem 50. Lebensjahr gestorben waren als die anderen Teilnehmer. Und außerdem kann es uns passieren, dass wir nahe stehende Menschen sehr verletzen, wenn wir wütend sind: unseren Partner, Freunde und – vielleicht am schlimmsten – unser Kind.

Aus diesen Gründen wird es sinnvoll sein zu lernen, mit Wut und Ärger umzugehen. Oft ist unsere Wut bei genauerer Betrachtung gar nicht nötig – oder war es wirklich hilfreich, auf den Autofahrer wütend zu sein, der Sie letzthin geschnitten hat? Wenn Sie das Gefühl haben, dass Sie zu rasch ärgerlich oder wütend werden, dann könnte es notwendig sein, dieses Denkmuster zu ändern. Sie können sich z. B. nach einer solchen Situation fragen, ob sie tatsächlich wichtig genug war, um wütend zu werden.

Interessanterweise deuten neue Studienergebnisse darauf hin, dass das Ausagieren von Wut nicht unbedingt die beste Strategie ist. Menschen, die ihrer Wut durch Schreien oder Schlagen Ausdruck verleihen, fühlen sich nachher oft noch aggressiver und – ja – weniger selbstbewusst. Denn das Schreien trägt in der Regel nicht zur Lösung des Problems bei, erweckt aber beim Gegenüber den Anschein, dass man die Situation nicht im Griff hat. Das heißt nicht, dass wir unsere Wut immer unterdrücken sollen, aber es mag bessere Wege geben, mit ihr umzugehen: Wenn Sie das Verhalten einer anderen Person wütend gemacht hat, warten Sie, bis sich Ihre Wut gelegt hat, und wählen Sie einen anderen Zeitpunkt, an dem Sie der Person deutlich Ihren Standpunkt klar machen. Dies ist wesentlich effizienter und erfolgversprechender.

Sie können auch eine Situation, in der Sie wütend waren, einmal im Geist nochmals durchspielen – aber in Gedanken ruhig und bestimmt reagieren.

DIE WUT WEGATMEN

Wenn Sie das nächste Mal wütend werden,

1. atmen Sie tief durch die Nase ein und halten Sie die Luft für drei bis vier Sekunden an.
2. Atmen Sie langsam mit leicht geöffnetem Mund aus. Spüren Sie die Entspannung durch Ihren Körper fließen und warten Sie einen Moment.
3. Dann wiederholen Sie die beiden Schritte nochmals.

MEIN STRESS UND ICH – EIN KLEINES EXPERIMENT

Nehmen Sie sich ein paar Minuten Zeit an einem ruhigen Ort und lassen Sie Ihre Vorstellung spielen:

Wenn mein Stress ein Lebewesen wäre, hier im Raum ...

- Ist es ein Mensch oder ein Tier? Wie sieht er (oder sie*) aus, wo steht oder sitzt er, wohin blickt er?
- Wie fühlt es sich an, dass er dort ist, was tut er?
- Spricht er, was sagt er, was möchte er?
- Und was möchte ich ihm sagen?
- Was bräuchte oder möchte er, um kleiner zu werden, weiter weg zu gehen, mich in Ruhe zu lassen?
- Wofür ist mein Stress gut?

*möglicherweise ist Ihr Stress „weiblich“ – dann ersetzen Sie einfach jedes Mal „er“ durch „sie“.

Regeneration – die Pflege meiner inneren Quellen

»Die Kunst des Ausruhens ist Teil der Kunst des Arbeitens.«

John Steinbeck

Um all das, was wir tun, schaffen zu können, benötigen wir Energie. Diese kommt aus unseren inneren Quellen. Und wie bei richtigen Quellen ist es auch bei uns selbst wichtig, unsere Quellschutzgebiete vor dem unerlaubten Eindringen anderer zu bewahren. Wie gut schützen Sie Ihre Quellschutzgebiete?

Verspannungen lösen und wegatmen

Richtiges Atmen ist eine einfache und gute Methode zum Abbau von Stress. Eine Änderung des Atemmusters kann zu besserer Entspannung verhelfen. Atemübungen können die Entspannungszentren im Nervensystem aktivieren und so dem Stress entgegenwirken.

Beurteilen Sie Ihre Atmung: Legen Sie sich auf den Rücken und legen Sie die rechte Hand auf Ihren Bauch und die linke Hand auf Ihre Brust. Beobachten Sie, ob Sie ruhig, langsam und regelmäßig atmen. Bei richtiger Atmung sollte sich die Hand auf Ihrem Bauch heben und senken, die Hand auf Ihrer Brust hingegen nur wenig bewegen.

EINE EINFACHE ATEMÜBUNG

1. Legen oder setzen Sie sich bequem hin und legen Sie eine Hand auf Ihren Bauch und eine Hand auf Ihre Brust.
2. Jetzt atmen Sie durch Ihre Nase ein und zählen im Kopf bis drei. Beachten Sie, dass sich die Hand auf Ihrem Bauch hebt und die Hand auf der Brust nur wenig bewegt.
3. Während Sie ausatmen, zählen Sie langsam bis vier und beobachten, wie sich die Hand auf Ihrem Bauch langsam senkt.

Variationen:

Sie können auch durch den Mund ausatmen und dabei die Lippen nur wenig öffnen, sodass die entweichende Luft einen geringen Widerstand überwinden muss. Dabei können Sie einen tiefen Ton summen.

Sie können sich beim Einatmen auch vorstellen, dass Sie Energie einatmen, die vom Gesäß über Ihren Rücken hinauf bis zu Ihren Schultern strömt. Beim Ausatmen fühlen Sie, wie die Energie über die Brust und den Bauch bis in Ihre Beine strömt.

Versuchen Sie, bis zu drei Minuten so zu atmen. Vielleicht haben Sie mehrmals täglich dazu Gelegenheit. Sie können diese Übung auch zwischendurch am Schreibtisch machen. Es geht nicht darum, es „perfekt“ zu machen. Viel wichtiger ist, es immer wieder zu machen, bis es zur Gewohnheit wird.

Progressive Muskelentspannung

Die Progressive Muskelentspannung ist eine Methode, um durch vorherige bewusste Anspannung bestimmter Teile des Körpers zu tieferer Entspannung vor allem der Muskulatur zu gelangen.

EINE EINFACHE ENTSPANNUNGSÜBUNG

Suchen Sie einen Ort, an dem Sie Ruhe und ruhige Atmosphäre haben. Legen oder setzen Sie sich bequem hin.

1. Machen Sie mit der rechten Hand eine Faust und spannen Sie die Muskeln der rechten Hand und des rechten Armes mit etwa drei Viertel Ihrer vollen Kraft an.
2. Halten Sie diese Spannung für etwa sieben Sekunden.
3. Lassen Sie die Spannung relativ rasch los und fühlen Sie, wie Ihre Muskeln sich entspannen. Lassen Sie das Gefühl der Entspannung in den nächsten 30 Sekunden noch tiefer werden. Dann wiederholen Sie die Schritte eins bis drei.

Anschließend können Sie diese Übung mit einer anderen Muskelgruppe machen – z. B. mit dem linken Arm, einem Bein, die Stirn runzeln, Schultern hochziehen etc.

Autogenes Training

Autogenes Training ist eine Möglichkeit, sich selbst (v. a. das vegetative Nervensystem) durch Suggestion in einen Entspannungszustand zu versetzen. Schon die Vorstellung von Veränderungen in Ihrem Körper, z. B. von einem ruhigeren Herzschlag, kann diese Änderungen herbeiführen. Je besser und regelmäßiger Sie es üben, umso rascher wird es Ihnen gelingen. Wenn Sie autogenes Training gut beherrschen, werden Sie es auch in stressreichen Situationen anwenden können.

EINE KURZE ANLEITUNG ZUM AUTOGENEN TRAINING

Suchen Sie einen einigermaßen ruhigen Ort und setzen oder legen Sie sich so hin, dass Ihr Körper gut gestützt ist. Schließen Sie die Augen und lassen Sie die Gedanken, die kommen, einfach kommen – und wieder weiterziehen. Dies ist ein Zustand passiver Aufmerksamkeit, in dem die Dinge geschehen und auch wieder vergehen können. Sie nehmen die Geräusche der Umgebung wahr, diese sind für Sie aber nicht wichtig.

Fühlen Sie, wie Sie sitzen oder liegen, lassen Sie Ihre Aufmerksamkeit zu Ihren Füßen wandern, fühlen Sie, wie Sie auf dem Boden stehen oder wie Sie liegen. Lassen Sie die Aufmerksamkeit dann zur Lage und Schwere Ihrer Beine ziehen, zu Ihren Händen und Armen, dann zu Ihrem Hals und Kopf. Schließlich zu Ihrer Brust und Ihrem Bauch.

Sagen Sie nun langsam und leise (oder in Gedanken) jeweils dreimal zu sich selbst:

„Ich bin ganz ruhig." (dreimal)

Beachten Sie dabei, wie Sie bei jedem Ausatmen ein bisschen ruhiger werden, und fahren Sie fort:

„Ich bin ganz warm." (dreimal)

„Ich bin ganz schwer." (dreimal)

Während Sie dies tun, atmen Sie langsam und ruhig ein und aus (Sie können die Sätze z. B. auch synchron zu Ihrer Atmung zu sich sagen). Beachten Sie, wie Ihre Arme und Beine sich immer schwerer und wärmer anfühlen.

Als Nächstes sagen Sie zu sich:

„Mein Atem ist ruhig und gleichmäßig." (dreimal)

Achten Sie darauf, wie Sie ruhig und regelmäßig atmen.

„Mein Herz schlägt ruhig und regelmäßig." (dreimal)

Fühlen Sie, wie Ihr Herz ruhig und regelmäßig schlägt.

„Mein Sonnengeflecht* ist fließend und warm." (dreimal)

Fühlen Sie die innere Wärme in Ihrem Bauch.

Wiederholen Sie den gesamten Durchgang dreimal und fühlen Sie, wie Sie immer ruhiger werden, wie die Außengeräusche immer unwichtiger werden. Möglicherweise kommen Ihnen während der Übung auch andere Gedanken. Das macht nichts, Sie können diese ruhig kommen lassen, lassen Sie sie dann auch wieder weiterziehen ...

Für die oben genannten Sätze gibt es viele Variationen, z. B. „Mein Herz schlägt ruhig und weich" oder „Mein Herz schlägt kraftvoll und regelmäßig" oder „Mein Kopf ist hell und leicht" und ähnliche. Sie können sich diese Sätze auch aufnehmen und selbst vorspielen. Meist ist es jedoch angenehmer, die Stimme von jemand anderem zu hören: Bitten Sie eine Freundin oder einen Freund, die Sätze für Sie aufzunehmen.

*Sonnengeflecht steht für das Nervengeflecht unseres Darmes. Sie können sich dabei auch einfach Ihren Bauch vorstellen.

Sie können beim Autogenen Training auch verschiedene Bilder verwenden, z. B. das Gefühl, auf einer Wiese zu liegen und von der warmen Sonne beschienen zu werden, Sie können das Gras riechen, vielleicht zwitschert ein Vogel, am blauen Himmel ziehen ein paar weiße Wolken vorbei, die Sonne wärmt Sie angenehm, Sie spüren Ihre Hände im Gras liegen ...

Möglicherweise haben Sie anfangs das Gefühl, dass eine solche Übung Sie eher unruhiger als entspannter macht. Vielleicht haben Sie auch das Bedürfnis, sich zu bewegen. Für viele Menschen ist es ungewohnt, so ruhig zu sitzen und zu sich selbst zu sprechen. Wenn Sie mit der Übung allerdings vertrauter werden, werden Sie merken, wie diese Empfindungen allmählich verschwinden und einem Gefühl der Entspannung weichen.

Massage

Verschiedene Formen der Berührung und des Drucks können sehr hilfreich zur Entspannung sein. Dazu gehören z. B. verschiedene Massagetechniken, Shiatsu oder Akupressur.

Was die Massage anlangt, so können Sie sich entweder massieren lassen oder selbst massieren:

ANLEITUNG ZUR SELBSTMASSAGE

Bei der Selbstmassage können Sie z. B.:

- den Daumenballen der linken Hand mit dem Daumen der rechten Hand für 15 Sekunden kreisend massieren;
- ein Bein über das andere kreuzen und Ihren Fuß (ohne Schuhe und Strümpfe) mit beiden Händen durchkneten;
- die Schulter- und Nackenmuskeln mit der gegenüberliegenden Hand zuerst sanft und kreisend, dann stärker massieren;
- Ihre Schläfen mit den Fingerspitzen kreisend massieren.

Tu etwas anderes!

Heutzutage sitzen viele Stressauslöser im Kopf. Die soeben besprochenen Methoden der Entspannung des Körpers gehören zu den besten Möglichkeiten, auch unseren Geist zu entspannen. Dennoch gibt es eine Reihe von Techniken, die primär unseren Geist entspannen, damit wir von rasenden Gedanken, quälenden Sorgen und negativen Gefühlen frei werden.

Eine der einfachsten Methoden ist, „ganz etwas anderes zu machen". Da wir uns nur schwer auf zwei Dinge gleichzeitig konzentrieren können, kommt so automatisch unser Geist auf andere Gedanken. Mögliche Tätigkeiten können Dinge sein, die Ihnen Spaß machen (oder früher Spaß gemacht haben), vielleicht ist es Musik hören (oder selbst Musik machen), spazieren gehen, ein Buch oder eine Zeitung lesen, etwas basteln, kochen, ins Kino gehen, mit einem Freund sprechen, Sport machen und vieles andere mehr ...

Sie werden bemerken, dass Sie nach einiger Zeit viel ruhiger sind, mehr Distanz zu den Dingen haben, die Ihnen Sorgen bereiten, diese vielleicht sogar schon von einer anderen Warte aus betrachten können. Das bedeutet kein Verdrängen von Problemen. Aber in einem dauerhaft angespannten Zustand, der von Nervosität und Sorgen geprägt ist, können wir unsere Probleme auch nicht lösen ...

Gedankenreise

Auch dies kann eine hilfreiche und höchst angenehme Möglichkeit sein, den Geist entspannen zu lassen:

BEGEBEN SIE SICH AUF EINE SCHÖNE GEDANKENREISE

Am besten suchen Sie einen Ort, an dem Sie nicht gestört werden, und machen Sie es sich bequem.

Denken Sie an ein Bild, das für Sie angenehm ist – vielleicht eine Erinnerung, ein Ort oder eine erfundene Szene. Auf jeden Fall ein Bild, das für Sie entspannend ist.

Stellen Sie sich jetzt diesen Ort mit möglichst allen Details und Sinnen vor – wie fühlt sich Ihr Körper dort an? Liegen Sie, sitzen Sie, gehen Sie?

Was sehen Sie in der Nähe, was in der Ferne?

Welche Gerüche nehmen Sie wahr?

Welches Wetter ist da? Wie sieht der Himmel aus? Scheint die Sonne?

Was hören Sie? Ist es das Rauschen des Windes, Vogelgezwitscher oder Stimmen von Menschen?

Sind andere Lebewesen in Ihrem inneren Bild? Wenn ja, was machen sie?

Musik

Musik kann eine wunderbare Möglichkeit sein, unseren Geist und unsere Sinne zu entspannen. Sie kann besänftigend wirken und auch unseren Körper wieder in einen ruhigeren Zustand versetzen. Natürlich mag nicht jeder von uns die gleiche Musik, und nicht jede Musik ist entspannend.

Üblicherweise wirkt Instrumentalmusik entspannender als Gesang, der Takt sollte gleichmäßig und langsam sein (am besten etwas unter unserer Herzfrequenz). Instrumente, deren Tonlage jener der menschlichen Stimme ähnelt (z. B. Cello und Oboe), haben eine besonders beruhigende Wirkung auf uns.

Welche Musik für Sie die richtige ist, können natürlich nur Sie selbst entscheiden – ist es eher Klassik, z. B. eine Suite von Bach oder ein langsames Stück von Mozart, vielleicht mögen Sie aber lieber Filmmusik oder ruhigen Jazz ... Auf jeden Fall gut geeignet zum Entspannen ist Meditationsmusik.

Gerüche

Stellen Sie sich vor, wie gerade der Duft frisch gekochten Kaffees durch Ihre Wohnung zieht (wenn Sie all die anderen Ratschläge befolgen, dürfen Sie ja wieder Kaffee trinken ☺), wie frisch Gebackenes riecht, eine Vanilleschote. Oder Sie erinnern sich an den Duft einer Rose oder den Geruch von frisch gemähtem Gras ...

Die Geruchsnerven haben einen direkten Draht zum limbischen System und damit zu unseren Emotionen. Nicht umsonst sagen wir: „Ich kann jemanden nicht riechen." Umgekehrt eigenen sich Gerüche und Düfte, die wir mögen, hervorragend zu unserer Entspannung. Dies können ätherische Öle sein, wie Lavendel, Rose, Orangenblüten oder Jasmin und viele andere – finden Sie heraus, welche Gerüche Ihnen am meisten liegen!

Meditation

Die Meditation hat im Fernen Osten eine jahrtausendealte Tradition als Weg zu innerem Frieden. Obwohl Meditation den Ruf hat, jahrelange Übung zu erfordern, haben auch Sie mit ziemlicher Sicherheit schon mehrmals in Ihrem Leben meditiert. Immer dann, wenn Ihr Geist ruhig, leer und konzentriert ist, sind Sie in einem Zustand, der der Meditation sehr nahe kommt.

Regelmäßig ausgeübte Meditation ist eine hervorragende Methode, um Körper und Geist zu mehr Ruhe und Gelassenheit zu verhelfen. Es gibt verschiedene Meditationstechniken, eine einfache Vorbereitung zum Meditieren könnte folgendermaßen aussehen:

EINE EINFACHE MEDITATION

1. Suchen Sie eine ruhigen Ort, an dem Sie nicht gestört werden.
2. Nehmen Sie eine bequeme Sitzposition ein (es muss nicht am Boden sein, Sie können auch auf einem Stuhl sitzen).
3. Konzentrieren Sie sich auf ein Geräusch, ein Wort, einen Gedanken oder ein Objekt.
4. Akzeptieren Sie andere Gedanken, die vielleicht auch kommen, und lassen Sie sie wieder gehen.

Diese kleine Übung gelingt Ihnen am Anfang vielleicht nur für kurze Zeit, und möglicherweise fühlen Sie sich dabei unruhig oder „komisch“. Es geht nicht darum, es „perfekt“ zu machen! Mit der Zeit wird es Ihnen gar nicht mehr seltsam vorzukommen, sich Zeit zum Meditieren zu nehmen. 20 bis 30 Minuten sind eine anzustrebende Zeitspanne, aber es geht nicht vorrangig um das Erfüllen einer bestimmten Zeit:

„Fünf Minuten wirkliche Meditation sind besser als 20 Minuten geplante, aber nicht durchgeführte.“

Als Variante eignet sich auch die folgende Meditation:

ATEM-MEDITATION

Ähnlich wie bei der „Einfachen Meditation" setzen Sie sich bequem hin und atmen entspannt.

Konzentrieren Sie sich auf Ihre Atmung und zählen Sie den ersten Atemzug als „eins", das folgende Ausatmen als „zwei" und so weiter bis „zehn". Fangen Sie dann wieder von vorne an. „Störende" Gedanken lassen Sie kommen und wieder gehen und kehren zum Zählen zurück (es ist übrigens kein Problem, wenn Sie sich einmal verzählen).

Biofeedback

Eine weitere Möglichkeit, zu Entspannung zu gelangen, ist Biofeedback. Das Prinzip dahinter: Alle Körperfunktionen, die wir messen können, können wir auch lernen willentlich zu beeinflussen – sei es Blutdruck, Herzfrequenz, Temperatur von Händen und Füßen, Spannung der Muskulatur und vieles mehr.

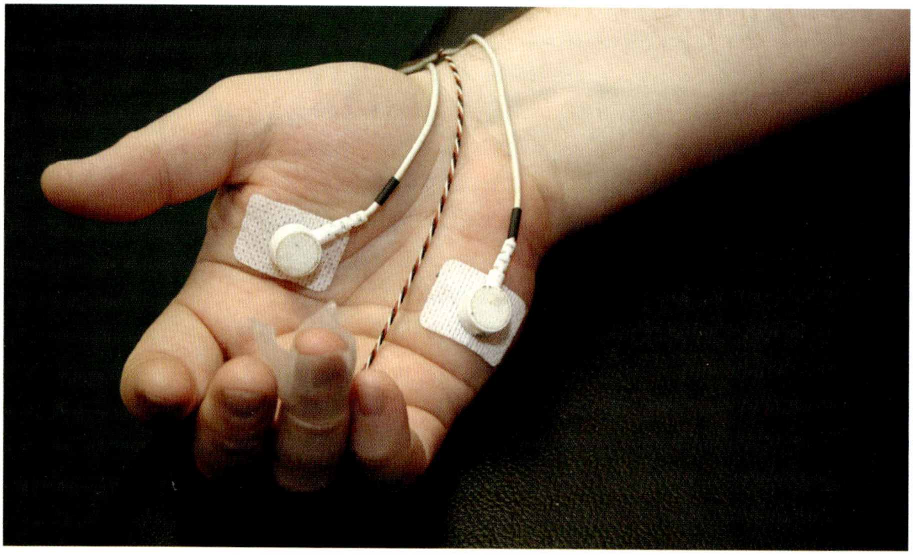

So ist z. B. die Temperatur unserer Hände abhängig vom Anspannungszustand unserer kleinen Blutgefäße. Wenn wir diese Temperatur mit einem Sensor messen, wird das Signal von einem Computer in einen – je nach Temperatur höheren oder tieferen – Ton umgewandelt. Mit etwas Übung können wir lernen, den Ton zu steuern und damit unsere Fingertemperatur und damit wiederum den Anspannungszustand unserer Blutgefäße.

Ähnliches können wir mit dem Hautleitwert lernen, der umso höher ist, je feuchter unsere Handflächen als Zeichen von Stress sind. Auch Verspannungen im Nackenbereich können so gemessen und beeinflusst werden, besonders effektiv ist die Verbindung von Biofeedback mit der so genannten Herzratenvariabilität, die ich oft anwende.

Natürlich sollen Sie zur Ausführung nicht immer von einem Computer abhängig sein. Dieser dient lediglich in der Übungsphase als Lernhilfe. Sobald Sie die Methode beherrschen, können Sie sie in vielen Situationen auch ohne Computer rasch abrufen und sich so entspannen. Ein Kollege von mir konnte auf diese Weise seine Rückenmuskulatur entspannen, während er selbst (!) einen Vortrag hielt.

Aktivität und Bewegung

Die Stressreaktion unseres Organismus mit all ihren Nervensignalen und Hormonwirkungen diente ursprünglich der Bewältigung von Situationen, in denen wir unsere gesamte Kraft und Schnelligkeit brauchten. Um diesem Grundbedürfnis nachzukommen, ist körperliche Bewegung ein Grundpfeiler jeder Stressbewältigung. Die Bewegung dient dabei einerseits dem „Ausarbeiten" sämtlicher Wirkungen von Stress auf Stoffwechsel, Körper und Geist. Ohne dieses Ausarbeiten kann der Organismus mit den Veränderungen nicht umgehen und wird auf die Dauer krank – es kommt z. B. zu Schäden an Herz und Gefäßen. Andererseits hat körperliche Aktivität eine Reihe weiterer positiver Effekte:

DIE VORBEUGENDE UND HEILENDE WIRKUNG VON BEWEGUNG

- Es kommt zur Ausschüttung von Endorphinen mit dem damit verbundenen Hochgefühl;
- regelmäßige Bewegung hat einen nachgewiesenen antidepressiven Effekt;
- das Gleichgewicht zwischen Sympathikus und Parasympathikus wird zugunsten des Letzteren verschoben, und wir kommen leichter in einen entspannten Zustand;
- Bewegung wirkt wie ein natürlicher Betablocker – das ist eine Medikamentenkategorie, die gegen Bluthochdruck und Herzrhythmusstörungen eingesetzt wird;
- durch vermehrte Muskelmasse kann der Körper den Blutzucker besser verwerten, und wir senken damit unser Risiko, an Diabetes zu erkranken;
- unser Kreislauf wird insgesamt flexibler, d. h. auch wenn Sie an zu niedrigem Blutdruck leiden, profitieren Sie davon.

Im Vordergrund bei der Stressbewältigung steht der Ausdauersport – also Laufen, Walken, Schwimmen, Radfahren, Sporttanzen, Konditionstanken. Zusätzlich eine geringere Dosis Kraftsport zu machen, ist sehr empfehlenswert, da die dadurch vermehrte Muskelmasse positive Effekte auf Gesundheit und Wohlbefinden hat. Aber auf die Dosis kommt es an! Alleiniges Krafttraining, Muskelaufbau unter Zuhilfenahme von Substanzen oder ungezieltes und damit oft unergonomisches Krafttraining können Ihnen mehr schaden als nützen. Am besten, Sie starten Ihre Vorhaben unter qualifizierter Anleitung. Wenn Sie schon länger keinen Sport mehr gemacht haben, an Herz-Kreislauf-Erkrankungen (z. B. erhöhtem Blutdruck oder Herzrhythmusstörungen) leiden oder regelmäßig Medikamente einnehmen, sollten Sie sich außerdem vorher medizinisch durchchecken lassen.

Wenn Sie länger keine regelmäßige Bewegung gemacht haben, werden Sie am Anfang vielleicht immer wieder Ihren inneren Schweinehund überwinden müssen. Außerdem sind Bewegungsprogramme, bei denen wir uns dauerhaft seufzend überwinden müssen, zum Scheitern verurteilt. Deshalb gilt: Suchen Sie sich etwas, das Ihnen zumindest prinzipiell Spaß und Lust bereiten kann. Nicht jede oder jeder von uns geht gerne laufen – vielleicht bewegen Sie sich lieber zu Musik, gehen Rad fahren oder schwimmen, oder vielleicht ist für Sie Gemeinschaft mit anderen motivierender. Möglicherweise motiviert Sie am besten die Lust am Spiel, wie bei Fußball, Handball oder anderen spielerischen Sportarten. Die oberste Devise regelmäßiger körperlicher Aktivität lautet also: Spaß! Abgesehen von gesundheitlichen Überlegungen kann körperliche Aktivität Ihr Leben sehr bereichern. Am besten überlegen Sie sich also zuerst einmal:

- Welche Formen körperlicher Bewegung könnten mir Spaß machen?
- Wie viel Zeit pro Woche möchte ich dafür erübrigen? Jedes kleine Stückchen zählt! Körperliche Bewegung bringt nicht nur dann etwas, wenn wir z. B. mindestens viermal pro Woche 50 Minuten Sport betreiben. Schon zehn oder 20 Minuten schneller Spaziergang am Tag hat eine positive Wirkung auf Körper und Seele.

Fangen Sie langsam an! Ihr Körper merkt sich negative Erfahrungen bei Überanstrengung – die schmerzende Lunge, den Muskelkater und das Gefühl der Anstrengung. Beim nächsten Mal müssen Sie sich umso mehr überwinden, überhaupt anzufangen!

Am besten ist es, wenn wir bei der Bewegung auch unseren Biorhythmus berücksichtigen. Daher sind etwa morgendliche Übungen, am besten an der frischen Luft, hervorragend geeignet, Ihren Körper in Schwung zu bringen. Intensiver Sport am Abend hingegen ist weniger günstig, da der Organismus so zu einer Zeit aufgeputscht wird, in der unsere innere Uhr eigentlich auf Ruhezustand umschaltet. Hier wäre ein Spaziergang der inneren Ruhe zuträglicher (Sport am Abend ist allerdings besser als gar kein Sport).

STRESSBEWÄLTIGUNG DURCH SPORT UND BEWEGUNG

- Körperliche Aktivität verbraucht die durch die Stressreaktion zur Verfügung gestellte Energie (Kampf/Flucht) und erhöht die Widerstandskraft.
- Sport hilft, Abstand zu gewinnen, und fördert das seelische Wohlbefinden. Die Gedanken kommen zur Ruhe.
- Sport fördert das Selbstbewusstsein und die Erfolgszuversicht.

Weg 1: Mehr Bewegung in den Alltag bringen

- Setzen Sie sich ein Mindestmaß von dreimal pro Woche dreißig Minuten.
- Verbinden Sie notwendige Aktivitäten im Alltag mit Bewegung.
- Steigern Sie bewusst die Dauer und Intensität körperlicher Tätigkeiten im Alltag.
- Planen Sie regelmäßig bewegte Pausen ein.

Weg 2: Regelmäßiger Sport

- Betreiben Sie Ausdauersportarten, die Ihnen Spaß machen.
- Starten Sie langsam, machen Sie Pausen (2/1-Prinzip: zwei Tage Belastung, ein Tag Pause).
- Steigern Sie erst die Dauer, dann die Intensität.
- Vergessen Sie nicht, aufzuwärmen und viel zu trinken, außerdem: Achten Sie auf genügend Schlaf.

Schlaf

Schlaf ist lebenswichtig. Chronischer Schlafentzug führt zu vielen seelischen und körperlichen Störungen bis hin zu ernsthaften Erkrankungen. Unser Organismus braucht die körperliche Ruhephase zur Regeneration, in unserem Gehirn finden während des Schlafs wichtige Verarbeitungsprozesse statt (z. B. die Stabilisierung des Gedächtnisses).

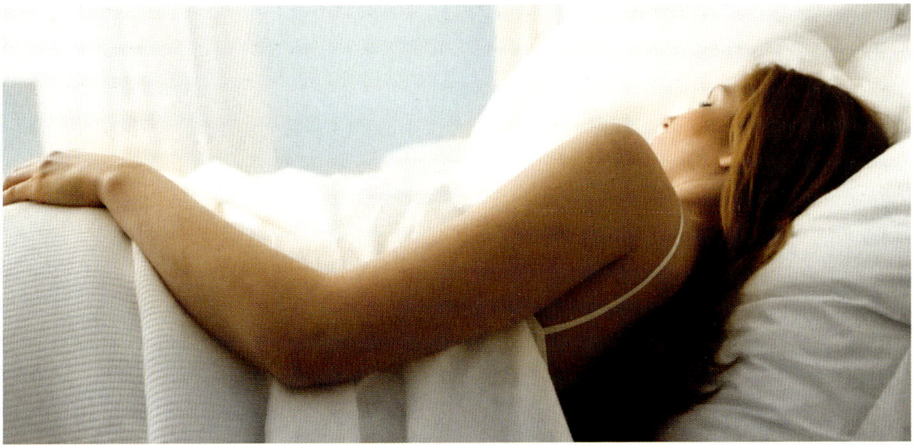

SCHLAF IST KEINE ZEITVERSCHWENDUNG!

Eine kürzlich durchgeführte Untersuchung hat ergeben, dass Hochleistungssportler, die in einem Experiment einige Wochen zehn Stunden pro Tag (!) schlafen mussten, danach wesentlich bessere Leistungen erbrachten.

Unser Schlaf ist eines unserer sensibelsten Messinstrumente – akuter und chronischer Stress stören unseren Schlaf empfindlich. Der Schlafmangel wiederum verstärkt den Stress, da wir weniger leistungsfähig sind, unseren Sorgen weniger gut begegnen können und körperlich und geistig geschwächt sind. Wenn wir uns dann hinlegen, kommt noch die Sorge dazu, dass wir vielleicht wieder schlecht schlafen werden. So ist der Teufelskreis perfekt.

Zeichen für zu wenig oder schlechten Schlaf:

- Ich liege nach dem Hinlegen häufig noch länger wach und kann nicht einschlafen.
- Ich wache nachts immer wieder auf und kann dann nur schwer einschlafen.
- Ich wache viel zu früh auf und kann dann nicht mehr einschlafen.
- Ich fühle mich tagsüber oft müde und habe das Gefühl, ich könnte ein Nickerchen gebrauchen.
- Ich verspüre am Nachmittag einen großen Energieabfall.
- Wenn ich mich abends hinlege, schlafe ich sofort ein.

Medikamente für besseren Schlaf sind in den meisten Fällen nur eine vorübergehende Hilfe bei Schlafstörungen, viele davon machen noch dazu abhängig. Eine medikamentöse Behandlung von Schlafstörungen kann daher immer nur in Absprache mit Ihrem Arzt erfolgen. Versuchen Sie doch einmal die folgenden Maßnahmen, um Ihren Schlaf zu verbessern:

SCHLAFEN SIE GUT!

- Viel zu oft gehen wir zu spät schlafen – weil wir glauben, noch etwas erledigen zu müssen, oder vielleicht einfach vor dem Fernseher hängen bleiben. Versuchen Sie, sich einmal 20 Minuten früher hinzulegen, und schauen Sie, ob es Ihnen tagsüber besser geht.
- Unsere innere Uhr, die auch alle Hormone steuert, mag Regelmäßigkeit. Versuchen Sie daher, immer zur gleichen Zeiten schlafen zu gehen.
- Das Bett sollte dem Schlafen vorbehalten sein. Dinge wie Fernsehen oder Diskutieren sollten woanders stattfinden.
- Sport vor dem Schlafengehen bringt den Körper in einen Aktivitätszustand.
- Mögliche Störfaktoren wie Lärm und Geräusche, falsche Temperatur, schlechte Luft sollten möglichst minimiert werden. So führt beispielsweise schon ein kleines nächtliches Licht oder ein Aufdrehen des Lichts in der Nacht zur deutlichen Störung von Schlaf und Biorhythmus.
- Koffein (Kaffee, schwarzer Tee, Coca-Cola, Energydrinks) und Nikotin stören den Schlaf, das weiß man. Weniger bekannt ist, dass Alkohol uns zwar rascher einschlafen lässt, aber die Schlafqualität massiv stört. In der Nacht kommt es beim Abbau des Alkohols zur Aktivierung des Sympathikus und zur Störung der Schlafphasen bis zum Aufwachen.
- Viele Schlafstörungen stehen mit bewussten oder unbewussten Sorgen in Zusammenhang. Schreiben Sie einmal die Gedanken oder Sorgen, die Ihnen in der Nacht einfallen, auf einen Notizblock neben dem Bett auf und entscheiden Sie, dass Sie sich mit diesen Dingen am nächsten Tag beschäftigen werden. So können Sie diese Probleme besser ruhen lassen.

- Wenn Sie schon länger an Schlafstörungen leiden, sollten Sie diese mit Ihrem Arzt besprechen. Möglicherweise sind sie doch Ausdruck einer seelischen oder körperlichen Beeinträchtigung, die behandelt werden kann und soll.

Zum Abschluss dieses Kapitels möchte ich Ihnen gerne noch einen kleinen Leitfaden als Hilfestellung geben, Ihre Erholung danach zu gestalten, wie Sie sich gerade fühlen:

ERHOLUNG BEWUSST GESTALTEN

Ich fühle mich innerlich unruhig, aufgekratzt, nervös, überreizt.	Suchen Sie entspannende Aktivitäten, durch die die körperliche und seelische Aktivierung reduziert wird (Entspannungsübungen, Spaziergänge in der Natur, Orte der Stille, wenig Reize, leichter Ausdauersport etc.).
Ich bin oft missgelaunt, frustriert, „habe die Nase voll".	Gleichen Sie einseitige Belastung durch Aktivitäten aus, die brachliegende Interessen und Fähigkeiten stimulieren und nutzen.
Ich fühle mich unausgefüllt, gelangweilt, unterfordert.	Suchen Sie sich in der Freizeit neue Herausforderungen (Neues lernen, Projekte übernehmen, ehrenamtliches Engagement).
Ich bin einfach erschöpft, ausgelaugt, „fix und fertig".	Für Sie sind vor allem Ausruhen und das Tanken neuer Energien angesagt (Vollbad, Sauna, Sonne, Nichtstun, ausreichender Schlaf, ausreichendes Essen).

»Das Leben besteht aus Tagen, die man nicht vergisst.«
John Irving

THE TREE –
DER BAUM DES LEBENS

Als ich nach vielen Jahren meiner Tätigkeit als Spitalsarzt den Wunsch verspürte, meine Arbeit und Arbeitsumgebung stärker selbst gestalten zu können, ereigneten sich mehrere Dinge: Ich stieß auf das Thema „Coaching" und hatte ein Schlüsselerlebnis – ich spürte sofort, dass ich unbedingt eine professionelle Coaching-Ausbildung machen wollte, um damit meinen Patienten noch umfassender zur Verfügung stehen zu können als bisher. Denn mir war bewusst, dass Erkrankungen für meine Patienten wesentlich mehr bedeuten als Diagnosestellung und das Verschreiben von Medikamenten. Mit einer Erkrankung gehen viele Sorgen und Ängste einher, Umstellungen des Lebens, Auswirkungen auf die Partnerschaft, auf den Beruf und auf das ganze Lebensgefühl. Coaching gab mir die Möglichkeit, meinen Patienten auch in all diesen Fragen zur Seite zu stehen, um so ein Arztsein zu leben, das dem ursprünglichen Arztbegriff wesentlich näher ist als meine zunehmende Spezialisierung im Spital.

Gleichzeitig lernte ich Menschen kennen, die meine Ideen teilten und mit denen ich mich sowohl fachlich als auch menschlich verstand. Und schließlich ergab sich überraschend die Möglichkeit, eine wunderschöne Wohnung direkt über der Praxis meiner Frau mit Ausblick auf viele alte Bäume zu nützen. So kristallisierte sich immer mehr die Idee eines gemeinsamen Gesundheitszentrums heraus.

Als es an die Namensgebung ging, fielen uns viele Begriffe ein, die aber unseren Ideen und dem, was wir ausdrücken und anbieten wollten, nicht gerecht wurden. Eines Morgens, als ich vor allen anderen in der Familie aufgestanden war, hatte ich plötzlich den Begriff im Kopf: The Tree! Anfangs war ich unsicher – ein englischer Begriff und noch dazu einer, der mit Medizin eigentlich nicht in Zusammenhang gebracht wird? Doch ich merkte, dass mich „The Tree" nicht mehr losließ. Als ich meiner Kollegin Ruth davon erzählte, lachte sie und sagte: „Meine Freunde nennen mich immer ‚die mit den Bäumen tanzt', weil sie wissen, dass ich Bäume über alles liebe!" So war die Entscheidung getroffen, und „The Tree" wurde für uns zu einem Symbol des Wachstums, der Beständigkeit, der Verwurzelung und des Strebens nach Licht.

Mittlerweile glaube ich zu wissen, wie dieser Begriff überhaupt in mir aufgekommen ist. Als ich mich vor einigen Jahren beim morgendlichen Laufen im Wald verletzte, musste ich den ganzen Weg zurückgehen. Es war außer mir niemand unterwegs, die aufgehende Sonne blinzelte durch die Frühlingsblätter, und plötzlich überkam mich der Impuls, doch einmal versuchsweise einen Baum zu umarmen. So etwas hatte ich nie zuvor gemacht, und es wäre mir früher vielleicht ein bisschen verrückt vorgekommen. Als ich mich an meinen „ersten" Baum wagte und ihn umarmte, spürte ich ein tiefes Gefühl der Stabilität, des Anlehnen-Könnens, der Ruhe und Geborgenheit. So als würde ich mich an eine starke, beschützende und gütige Person anlehnen können und mich wirklich geborgen fühlen.

Dieses Erlebnis blieb wohl tief in mir gespeichert, bis es eines Tages – genau im richtigen Augenblick – wieder an die Oberfläche meines Bewusstseins kam und unserem Gesundheitszentrum den Namen gab!

„ICH MÖCHTE MICH EINFACH EINMAL BEI JEMANDEM ANLEHNEN KÖNNEN!" „ICH MÖCHTE EINFACH EINMAL EIN WENIG NACHLASSEN KÖNNEN!"

Haben Sie schon einmal einen Baum umarmt?

Probieren Sie es einmal aus, denn Bäume sind Kraftquellen, die auch schon von Indianern und Schamanen genützt wurden.

Wie fühlt es sich an? Wie fühlen sich verschiedene Bäume an?

Wen würden Sie vielleicht gerne umarmen, bei wem sich einmal anlehnen?

Und wie fühlt es sich wohl an, Sie zu umarmen?

The Tree – was dahinter steht

Der Baum hat alles, was wir in unserem Leben gebrauchen können: Wurzeln, die unter der Erde so mächtig sind wie die sichtbare Baumkrone; einen festen und doch elastischen Stamm, der Nährstoffe und Energie hinaufleitet und starken Stürmen trotzen kann; eine Krone, die nach dem Licht strebt und die warmen Sonnenstrahlen in Lebensenergie umwandelt. Im Wechsel der Jahreszeiten spiegelt sich der beständige Wandel im Laufe unseres Lebensweges wider: So gibt es Phasen des Knospens, die Zeit der vollen Blüte, das Herbstlaub und schließlich die Ruhezeit im Winter. Dies kann nicht nur als ein Bild für unser gesamtes Leben von der Kindheit über das Erwachsenenalter bis zum hohen Alter und unseren Tod gesehen werden, sondern geschieht auch innerhalb unseres Lebens in kleineren Zyklen immer wieder. Auch wenn die Phase des Rückzugs und der Ruhe heutzutage durch die hektische Dauerberieselung oftmals gar nicht mehr spürbar ist – die immer stärker beachtete Herbst-Winter-Depression ist nur ein Beispiel dafür, dass wir alle in dieser Jahreszeit eigentlich Zeit zum Ausruhen und der Rückbesinnung benötigen würden, um das folgende Jahr mit umso größerer Freude und Schaffenskraft beginnen zu können.

Die Lehre von der Gesunderhaltung – Salutogenese und Coaching

Dementsprechend vertrauen wir alle, die in „The Tree" arbeiten, auf die hohe Fähigkeit von Menschen zur Selbstregulation, anstatt in unseren Patienten und Klienten schwache und hilfsbedürftige Menschen zu sehen. Diese Sichtweise hat auch mit dem Prinzip der „Salutogenese" – der Lehre von der Gesunderhaltung – zu tun. Der Begründer der Salutogenese, Aaron Antonovsky, drückte dies in einem schönen Bild aus: Unser Leben lässt sich mit dem Schwimmen in einem Fluss vergleichen, der manchmal ruhig dahinfließt, manchmal aber auch Stromschnellen und Strudel aufweist. Kommt ein Schwimmer in Bedrängnis, so wäre der Zugang der Schulmedizin damit vergleichbar, ihm einen Schwimmreifen zuzuwerfen und ihn aus dem Wasser zu ziehen. Die Salutogenese jedoch versucht, ihn zu einem guten Schwimmer zu machen, seine Stärken weiter zu verbessern und die schwächeren Teile weiterzuentwickeln.

Uns ist bewusst, dass es immer wieder Situationen geben kann, in denen man tatsächlich Hilfe und Unterstützung oder auch Medikamente und andere Behandlungsformen benötigt. Doch auch Menschen mit einer Krankheit – sei sie körperlich oder seelisch – tragen immer auch gesunde Anteile in sich. In unserer Arbeit achten wir daher stets darauf zu erkennen, wann ein Mensch tatsächlich „Therapie", Medikamente oder Ähnliches, benötigt und wann es eher darum geht, die grundsätzlich gesunden Anteile zu stärken und ihn dabei zu begleiten, „ein guter Schwimmer zu werden".

Ich selbst arbeite immer unter Beachtung der Ziele jener Personen, die zu mir kommen. Als Coach verstehe ich mich nicht als Ratgeber, der anderen sagt, was sie zu tun hätten (außer jemand benötigt auch meine fachlich-medizinische Expertise) – ich verstehe mich als Begleiter und Helfer bei der Entwicklung von Lösungsschritten in Richtung der Ziele und Visionen meines Gegenüber. Der Königsweg dorthin ist für mich: fragen, fragen, fragen ... und ganz genaues Zuhören, auf die ersten Worte, die jemand an mich richtet, auf scheinbare Nebensätze oder manchmal auch auf das, was zwischen den Zeilen spürbar wird ...

Die Tree-Methode

Ich habe oft überlegt, ob ich meine verschiedenen Arbeitsmethoden zu einem Modell zusammenführen sollte, nach dem ich immer vorgehe. Dies hätte den Vorteil, den Menschen schon eine fixe Struktur anbieten zu können, an der sie sich im Lauf der Behandlung und Begleitung gewissermaßen festhalten können. Dies würde es auch für mich leichter machen, da ich stets ungefähr derselben Vorgehensweise folgen könnte. Trotzdem habe ich immer wieder gezögert, diesen Weg zu gehen – zu individuell, zu unterschiedlich sind die Menschen, die zu mir kommen, ihre Lebensgeschichten, ihre Probleme und ihre Ziele.

Dennoch unterliegt mein Handeln einer gewissen Struktur, gibt es Methoden, die ich immer wieder einsetze. Letztlich überlasse ich es meinem Gefühl, meiner Erfahrung und der individuellen Entwicklung eines Gesprächs, wann ich welche Methode wähle. So möchte ich Ihnen in diesem Buch einen Eindruck von einigen der von mir bevorzugten Methoden und Zugänge vermitteln, ohne dass ich damit den Eindruck erwecken will, dass jede dieser Methoden in jedem Fall zur Anwendung kommt.

Ich darf mich hier dem Ausspruch des bekannten deutschen Psychotherapeuten Jürgen Hargens anschließen, der nach vielen Jahren der Erfahrung und der Verwendung verschiedener Methoden auf die Frage, wie er arbeite und was seine Berufsbezeichnung sei, von sich sagte: „Ich führe hilfreiche Gespräche."

Focusing – der Körper spricht mit der Seele

Die Trennung von Körper und Seele ist eine menschliche Erfindung. Während bei einem Computer Hardware und Software tatsächlich voneinander getrennt betrachtbar sind, bilden Körper und Seele in Wahrheit eine Einheit. Körperliche Veränderungen beeinflussen die Seele genauso wie umgekehrt. Im Alltag haben wir allerdings oft verlernt, dies zu spüren, denn schon drängt die nächste Aufgabe, die nächste E-Mail, ein Kollege, unser Kind, die Fernsehsendung ...

Focusing bedeutet, auf Körper und Seele gleichzeitig zu achten und der Kommunikation zwischen beiden zuzuhören. Es ist eine Art innerer körperlicher Aufmerksamkeit, die viele von uns verlernt haben. Es bedeutet nicht, über die eigenen Gefühle zu sprechen oder sich über sich selbst „im Kopf" Gedanken zu machen. Es ist vielmehr ein Weg, eine körperliche Empfindung zu erhalten, wie es einem in einer bestimmten Lebenssituation und bei einem bestimmten Gefühl geht. Auf diese Weise kommen wir an Informationen heran und können Lösungswege erarbeiten, die uns mit reinem Nachdenken nicht zugänglich wären.

Denken Sie an etwas, das für Sie mit einem bedeutsamen Gefühl verbunden ist – z. B. an eine Situation, vor der Sie Angst haben, einen Streit, bei dem Sie Wut verspürten, oder auch an etwas Freudiges, an einen Ihnen sehr lieben Menschen. Überlegen Sie, und suchen Sie sich eine bestimmte Sache aus.

Nun horchen Sie in sich hinein: Welches Gefühl empfinden Sie dabei?

Achten Sie auf Ihren Körper: Wo und wie spüren Sie dieses Gefühl im Körper am ehesten? In der Brust, im Bauch oder im Kopf, den Armen? Fühlt es sich eng an oder verkrampft, vielleicht wie ein Schwindelgefühl oder das Bedürfnis, sich zu bewegen? Wenn es ein freudiges Gefühl ist – geht die Atmung freier, straffen sich Ihre Schultern, oder wird Ihnen leicht ums Herz?

Praktisch alle Menschen, die wegen zu hoher Stressbelastung und Burnout-Gefährdung zu mir kommen, haben auch körperlichen Beschwerden. So unangenehm und manchmal bedrohlich diese Beschwerden auch sein mögen – Herzklopfen, Kopfschmerzen, Tinnitus, Verdauungsstörungen und vieles mehr –, ich versuche immer gemeinsam mit meinen Patienten, zu neuen Sichtweisen zu kommen: Sichtweisen, aus denen manche dieser Symptome nicht mehr bedrohlich, sondern fast wie Freunde erscheinen, die einem den Weg zeigen wollen.

Mein wichtigstes Werkzeug dabei ist, meinen Patienten zuzuhören, darauf zu achten, welche Formulierungen sie verwenden, und diese Formulierungen in unserer gemeinsamen Arbeit immer wortgetreu zu verwenden: So macht es einen großen Unterschied, ob ein Patient sagt: „Ich zerbreche mir über dieses Problem den Kopf" oder „Das Problem liegt mir im Magen" oder „Das Problem nagt an mir". Wenn andererseits ein Patient sagt: „Ich möchte wieder gelassen sein", dann werde ich das genau so bei der Formulierung unseres gemeinsamen Ziels verwenden und nicht ähnliche Begriffe wie zum Beispiel „entspannt" oder „ruhig". Denn Gelassenheit könnte z. B. für ihn auch bedeuten, von anderen gelassen zu werden, während das Wort Entspannung auch an eine gespannte Gitarrensaite oder einen gespannten Bogen erinnern könnte. Ich sage „könnte", da ich ja in meine Patienten und die verborgenen Zusammenhänge nicht hineinsehen kann und möglicherweise das Wort „Gelassenheit" für ihn persönlich noch ganz etwas anderes bedeuten könnte.

WENN EINEN DER BAUCH ZWICKT

Gerhard war ein 45-jähriger Unternehmer, der seit Jahren unter „Hochspannung" lebte. Für sein Unternehmen war er ständig auf Achse. Drei Monate vor seinem Besuch bei uns hatte er eine Panikattacke erlitten und damals Angst gehabt, einen Herzinfarkt zu haben. Seit dieser Zeit hatte er auch Schlafstörungen, fühlte sich gereizt und antriebslos. Eine seiner Beschwerden war die Neigung zur Verstopfung, wobei er dann oft tagelang zwickende Schmerzen im linken Bauchbereich hatte. Verschiedene Untersuchungen von

Magen und Darm hatten kein Ergebnis gebracht, auch krampflösende Medikamente halfen nicht. Lediglich die Einnahme von Abführmitteln brachte manchmal Erleichterung.

Gerhard war geschieden und hatte in unseren ersten Gesprächen kaum über seine Familie gesprochen. Ich wusste, dass er zu seiner Ex-Frau ein schlechtes Verhältnis hatte und dass die gemeinsame mittlerweile erwachsene Tochter verhaltensauffällig war und von Gerhard als autistisch bezeichnet wurde. Als in einem unserer Gespräche die Rede auf seine Familie kam, sagte er: „Meine Tochter hat mich mein ganzes Leben lang sekkiert. Nie hat sie das getan, was ich von ihr wollte, oft begann sie schon zu schreien, wenn ich nur versuchte, sie zu berühren. Es war für mich als Vater so frustrierend, eine solche Tochter zu haben. Am liebsten möchte ich von ihr und meiner Ex-Frau gar nichts mehr wissen!“

Ich lud ihn ein, seine eigene Position und die seiner Tochter und seiner Ex-Frau in unserem Gesprächsraum mit Kärtchen auf dem Boden aufzulegen. Seine eigene Karte legte Gerhard direkt zu seinen Füßen, die Karte seiner Tochter und seiner Ex-Frau legte er direkt zur Tür.

Als ich ihn bat, sich an die Position seiner eigenen Karte zu stellen, und ihn fragte, was er wahrnahm, sagte er: „Ich spüre, wie mich die beiden festhalten und an mir ziehen, und da spüre ich auch wieder mein Zwicken im Bauch.“

Ich fragte ihn, was ihn daran hindern würde, da ich vermutete, dass er insgeheim doch gern mehr Kontakt zu seiner Tochter hätte. Er antwortete: „Dann verliere ich ja auch den Kontakt zu meinem ***Sohn****!“*

Ich war völlig erstaunt – von einem Sohn war in all unseren Gesprächen nie die Rede gewesen! Auf meine Nachfrage stellte sich heraus, dass sein Sohn gerade 15 Jahre alt war und er ihn sehr liebte. Da sein Sohn auch bei seiner Ex-Frau lebte, hatte er allerdings wenig Kontakt zu ihm und vermisste ihn sehr. Nun legten wir auch eine Karte für seinen Sohn in den Raum, die er etwa in die Mitte zwischen seiner eigenen und den anderen beiden Karten legte. In diesem Bild offenbarte sich sein Hin- und Hergerissensein zwischen dem Bedürfnis, mehr Distanz zu seiner Ex-Frau zu haben, und der Angst, seinen Sohn völlig zu verlieren. Auf seiner eigenen Position in diesem Bild verspürte er auch ein starkes zwingendes Gefühl im linken Bauchbereich – sein Darm „sekkierte“ ihn genauso wie die ungelösten Konflikte mit seiner Ex-Frau und das schlechte Verhältnis zu seiner Tochter, vermischt mit der Angst um den Kontakt zu seinem Sohn.

Ich lud ihn nun ein, sich an die Position seines Sohnes zu stellen und somit dessen Rolle einzunehmen. An dieser Stelle fühlte er die trotz aller Schwierigkeiten große Liebe seines Sohnes zu ihm und auch dessen Bedürfnis, ihm näher zu sein. Gleichzeitig aber auch seine Vorwürfe an ihn, dass er seine Schwester so ablehnte. Als ich ihn an der Position seines Sohnes einlud, sich aus dieser Rolle heraus selbst eine Botschaft zu geben, sagte er mit Blick auf seine eigene Karte: „Ruf mich öfter an und versuche, ein besseres Verhältnis zu meiner Schwester aufzubauen! Ich habe dich auch sehr lieb, und ich bin froh, dass du da bist."

Als Gerhard auf meinen Vorschlag auch die Rolle seiner Tochter einnahm, spürte er widerstreitende Gefühle: Groll, aber auch das Bedürfnis nach Schutz und Zuneigung. Als ich ihn bat, sich aus der Rolle seiner Tochter heraus eine Botschaft zu geben, sagte er: „Immer hast du mich missachtet und spüren lassen, dass du lieber eine andere Tochter gehabt hättest. Dabei hätte ich deinen Schutz und deine Zuneigung so gebraucht!"

Als ich Gerhard nun bat, sich wieder an seine eigene Position zu stellen, kamen ihm dort die Tränen. Er spürte die große Liebe zu seinem Sohn und das Glücksgefühl, dass diese Liebe erwidert wurde. Und gleichzeitig schämte er sich dafür, so schlecht mit seiner Tochter umgegangen zu sein. In dieser Stunde nahm er sich vor, Schritt für Schritt zu versuchen, einen besseren Draht zu seiner Tochter zu finden, und den Kontakt zu seinem Sohn aktiv zu suchen. Das Zwicken im Bauch war am Ende unseres Gesprächs völlig verklungen und kam von da an nur mehr dann, „wenn etwas Großes in die falsche Richtung läuft", wie Gerhard sich in einem unserer nächsten Gespräche ausdrückte.

DIE ANSPANNUNG WEGSCHÜTTELN

Fühlen Sie sich oft ganz kribbelig, wenn Sie angespannt sind? Dann sollten Sie mal versuchen, das kribbelige Gefühl richtig auszuschütteln!

Schütteln Sie im Sitzen oder Stehen Ihre Hände an den Handgelenken cirka zehn Sekunden lang, weiten Sie dann das Schütteln auf Arme und Schultern aus. Nach einer Weile (vielleicht 20 Sekunden) lassen Sie die Arme seitwärts herunterfallen.

Dann schütteln Sie ein Bein (vielleicht wollen Sie sich dabei irgendwo festhalten) cirka zehn Sekunden lang und dann das andere.

Wenn Sie sich gut ausgeschüttelt haben, bleiben Sie noch etwas stehen oder sitzen und fühlen Sie das Kribbeln im ganzen Körper und noch mehr das Gefühl der Entspannung, das sich nun eingestellt hat.

Brainspotting – im Blickpunkt der Gefühle

SICH DAS SCHRECKLICHE NOCH EINMAL ANSEHEN

„Ich war früher fröhlich, immer aktiv und hatte viel Humor. Doch seit drei Jahren kann ich nicht mehr schlafen. Irgendjemand hat mir den Stöpsel rausgezogen, und die Energie fließt raus. Viele Dinge haben sich aufgestaut."

So begann das Gespräch mit Elisabeth, einer 37-jährigen Steuerberaterin. Sie erzählte mir, dass sie seit der dramatischen Geburt ihres dreijährigen Sohnes nur mehr sehr schlecht schlafen könne. Außerdem habe sie immer wieder Bauchschmerzen, und es sei eine fragliche Lungenerkrankung diagnostiziert worden. Sie habe weiters starke Schmerzen und Verspannungen im Nacken. Ein Abgrenzungskonflikt mit ihrem Vater, der die Tochter ganz für sich haben wollte, kam noch dazu.

Als wir weiter darüber sprachen, was sich so alles aufgestaut habe, kam noch ein Thema zur Sprache, über das sie noch nie mit jemandem gesprochen hatte: einige Jahre zuvor war ihr Auto auf einer gemeinsamen Fahrt mit ihrer besten Freundin von einem Lastwagen gerammt worden, und ihre Freundin war neben ihr auf dem Beifahrersitz ums Leben gekommen. Die schrecklichen Bilder und die schrecklichen Momente von damals hatten sich in ihren Gedanken festgesetzt. Anfangs hatte sie gedacht, sie komme selbst darüber hinweg, und hatte Unterstützung abgelehnt. Und allmählich schienen die Bilder tatsächlich zu verblassen. Doch in der Zeit vor ihrem Besuch bei mir hatte sie immer mehr gespürt, dass da noch einiges unverarbeitet herumgeisterte.

Im Lauf der ersten Gespräche hatte ich das Gefühl, dass gerade dieser schreckliche Unfall eine wichtige Bedeutung für ihren Zustand haben könnte. Kurz zuvor hatte ich eine faszinierende neue Methode kennen gelernt, die den Betroffenen ermöglicht, vergangene, sehr belastende Ereignisse zu verarbeiten. Die Methode war eine Abwandlung der so genannten EMDR-Methode (Eye Movement Desensitization and Reprocessing), die vor allem in der Therapie traumatisierter Menschen Anwendung findet. Zur kurzen Erklärung: Die EMDR-Methode basiert vereinfacht auf der Beobachtung, dass traumatisierende Ereignisse besser verarbeitet werden können, wenn während der Erinnerung daran die Augen nach rechts und links bewegt werden. Man vermutet, dass es so zu einer besseren Synchronisation der beiden Gehirnhälften kommt und daher eine Verarbeitung dieser Ereignisse unterstützt wird.

Die Abwandlung der EMDR-Methode, die ich nun kennen gelernt hatte, besteht im Grunde darin, dass man sein Gegenüber hinsichtlich eines belastenden Ereignisses diejenige Position der Augenstellung suchen lässt, in der die Person die Belastung am stärksten wahrnimmt. Die Person wird nun eingeladen, ihren Blick eine Zeitlang genau auf diesen Punkt zu richten und dabei zu erzählen, welche Gedanken und Bilder ihr durch den Kopf gehen, wie sie sich körperlich fühlt und wie stark sie die Belastung empfindet.

Ich erzählte Elisabeth von dieser Methode, und sie willigte ein, es zu versuchen. Wir setzten uns einander gegenüber, und ich bat sie, an den Unfall zu denken. Sofort verspürte sie eine große Last und Anspannung im Nackenbereich, die in beide Schultern und Arme ausstrahlte. Ich bat sie, meinen Finger anzusehen, den ich vor ihren Augen in verschiedene Richtungen bewegte. Wir suchten gemeinsam den Punkt, an dem sie die Belastung am deutlichsten wahrnahm. Dann suchten wir noch einen anderen Punkt, an dem die Belastung am schwächten spürbar war. So hatten wir die Möglichkeit, an diesen Punkt auszuweichen, falls die Belastung im Laufe der Sitzung zu groß werden sollte.

Nun ließ ich Elisabeth auf den Punkt mit der größten Belastung blicken und lud sie ein, mir immer wieder mitzuteilen, was ihr durch den Kopf ging und wie sie sich fühlte. Anfangs waren vor allem die starke Verspannung und Schmerzen im Nackenbereich vorherrschend. Innerhalb der ersten Minute kam ein massives Angstgefühl in Elisabeth auf, das sich immer mehr steigerte – bis zur Todesangst. Ihr Herz begann stärker zu klopfen, die Verspannungen im Nacken wurden immer stärker, und sie begann schneller und immer verkrampfter zu atmen.

Da sie dennoch angab, noch weiter auf den Punkt blicken zu können, fuhren wir fort, und ich beobachtete, was geschah. In den nächsten fünf Minuten atmete Elisabeth weiterhin sehr schnell und oberflächlich, ihr Gesicht war bleich, die Augen geweitet. Ihr Nacken schien völlig starr. Doch ganz allmählich hatte ich den Eindruck, dass sich etwas änderte – der Atem wurde etwas ruhiger, die hochgezogenen Schultern sanken herab. Gleichzeitig änderte sich Elisabeths Gesichtsausdruck, während sie immer noch auf diesen Punkt blickte – die Wangen und die Mundwinkel sanken etwas herab, und da traten auch die ersten Tränen in ihre Augen.

Erst jetzt begann sie, die Abschiedstrauer um ihre engste Freundin überhaupt zulassen zu können. Wortlose Tränen liefen über ihr Gesicht, während sie – den Blick immer noch auf den Punkt gerichtet – allmählich Abschied von ihrer Freundin nahm. Etwa zehn Minuten nach Beginn unserer Sitzung begann sie immer ruhiger und tiefer zu atmen, ihre Schultern und ihr Nacken entspannten sich, und es kam wieder Farbe in ihr Gesicht. Sie berichtete, dass sich ein warmes Gefühl in ihrem Bauch ausgebreitet hatte, dass sich das Atmen wieder freier anfühlte und dass sich vor allem der Nacken ganz entspannt anfühlte.

„Ich habe mich von meiner Freundin verabschiedet, und sie wird immer einen Platz in meinem Herzen haben. Das habe ich ihr jetzt noch mitteilen können." Als ich Elisabeth den Blick von dem Punkt wieder wegnehmen ließ, saß eine erschöpfte und müde, aber ruhige und still lächelnde Frau vor mir. „Sie sind ein guter Nackenmasseur!", sagte sie. Dabei hatte ich sie nicht einmal berührt!

Brainspotting ist eine Methode, die 2003 zur Verarbeitung schwerer seelischer Verletzungen (in diesem Fall spricht man von Trauma) von dem Psychoanalytiker Dr. David Grand entwickelt wurde. Ausgangspunkt war die Erkenntnis, dass Körper und Seele traumatische Erlebnisse „speichern" und diese somit unser Wohlbefinden über lange Zeiträume negativ beeinflussen können. Der Kern dieser Speicherung befindet sich, dem Bewusstsein unzugänglich, tief im Hirnstamm. Dieser „Trauma-Kern" beeinflusst „nach oben" unsere Emotionen im limbischen System und unsere Gedanken im Großhirn und „nach unten" unsere Körpervorgänge und körperlichen Empfindungen.

Im Brainspotting kann man die Tatsache nutzen, dass unsere Augenbewegungen ebenfalls im Hirnstamm koordiniert werden. So ist das Trauma oft mit einer ganz bestimmten Blickrichtung verknüpft. Die mit dem Trauma verknüpften Gefühle und körperlichen Empfindungen können dann in dieser Blickrichtung aktiviert und bewusst gemacht werden. Man könnte auch sagen, dass wir dadurch der Person unter Begleitung die Möglichkeit geben, sich das Trauma „nochmals genau anzusehen".

Als ich Brainspotting kennen lernte, erkannte ich, dass diese Methode nicht nur zur

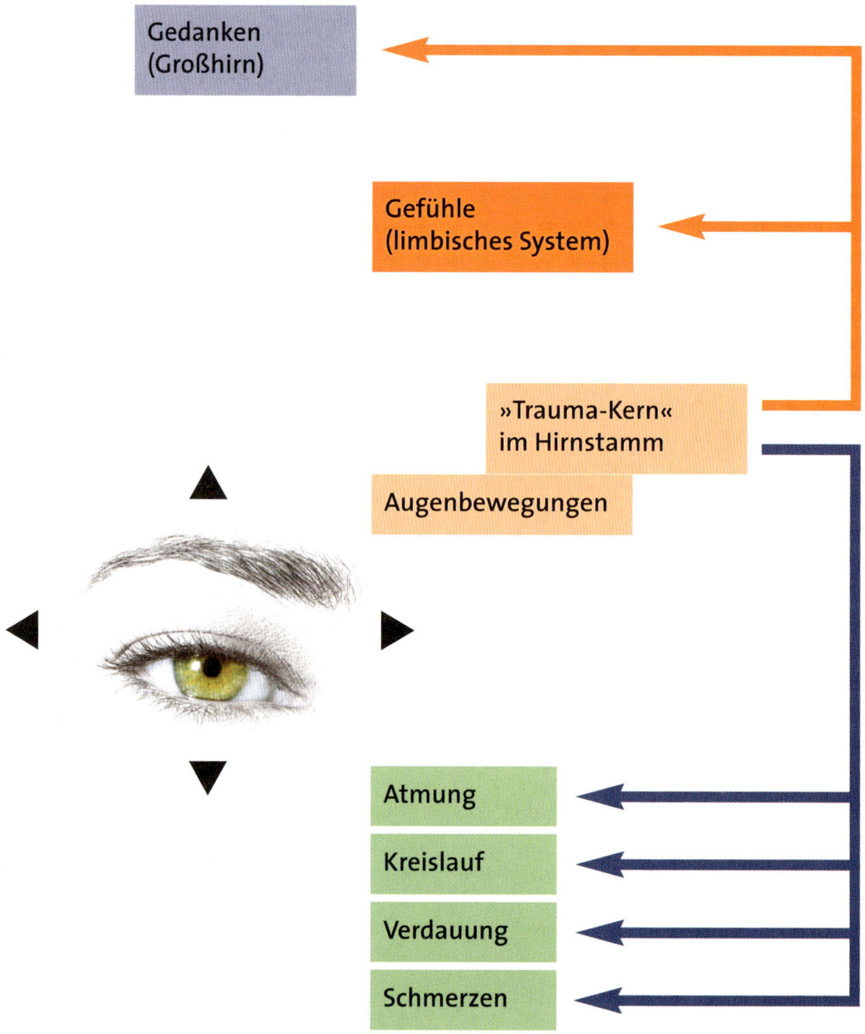

psychotherapeutischen Bearbeitung schwerer seelischer Verletzungen geeignet ist. Ich hatte sofort das Gefühl, dass sie auch in der Begleitung meiner Klienten nützlich sein könnte, wenn es darum ging, den Umgang mit belastenden Situationen, alten Konflikten oder neuen Herausforderungen zu verbessern – und zwar auf eine Weise, die keinen Ratschlag von mir erfordert, sondern ausschließlich auf den natürlichen Kräften und Stärken meiner Klienten beruht!

Am Beginn einer solchen Sitzung bitte ich meine Klienten, auf einer Skala von eins bis zehn einzuschätzen, wie sehr sie ein bestimmtes Problem gerade belastet. Dann frage ich, welche körperliche Empfindung damit einhergeht. Anschließend bitte ich sie, meinem Finger nachzusehen, den ich langsam nach rechts oder links bewege, und mir dabei zu sagen, in welcher Richtung die Empfindung des Problems stärker oder schwächer wird. Wenn wir die „stärkere" Seite gefunden haben, bewege ich den Finger nach oben bzw. unten, so finden wir den „stärksten" Punkt. Dann lade ich die Klienten ein, den Blick auf diesem Punkt zu belasssen, und frage nach, wie stark auf der Skala sie das Problem gerade empfinden und was sie körperlich wahrnehmen. Dies kann bis zu 20 Minuten dauern. Am Anfang wird das Problem zunehmend stärker wahrgenommen (manchmal bis zu einer schwer erträglichen Grenze), zusammen mit den dazugehörigen körperlichen Empfindungen (z. B. Enge in der Brust, Nackenschmerzen, Bauchschmerzen, Herzklopfen, Atemnot etc.), erstaunlicherweise kommt es dann fast immer zu einer Entwicklung der Gefühle und Empfindungen hin zu Erleichterung und Bewältigung – verbunden mit den dazugehörigen Gedanken und körperlichen Empfindungen.

So kann z. B. ein Gefühl der Angst (z. B. vor dem Chef) anfangs stärker werden, verbunden mit Druck auf der Brust und Zittern, dann in Wut übergehen, zusammen mit Herzklopfen und geballten Fäusten, und schließlich zu großer Gelassenheit führen, in der sich die Klienten aufrichten und tief durchatmen. All dies passiert vor meinen Augen innerhalb einiger Minuten. Nach einer solchen Sitzung fühlen sich die Klienten meist erschöpft und sehr erleichtert.

David Grand schreibt über Brainspotting: „Die tiefsten Regionen unseres Gehirns sind frei von Kognition, Sprache und Erfahrung. Sie beinhalten wissende, existenziell reagierende, instinktive Prozesse, Überlebensmechanismen, Reflexe und Aspekte unseres Körperbewusstseins. Hier ist der Ort, an dem wir tatsächlich leben und atmen. Vieles an Information aus dem Hirnstamm wird durch unser Bewusstsein fehlinterpretiert, schmerzliche Erfahrungen werden mit verschiedenen Verdrängungsmechanismen vermieden und führen so zu Konfusion und Krankheitssymptomen. Die Verarbeitung und das Geschehenlassen der natürlichen Reaktion werden blockiert. Die Lösung ist jedoch ganz einfach: Beobachte neugierig, lass dir Zeit und nimm wahr, was geschieht."

ZWISCHEN ANGST UND WUT – EINE ERPRESSTE LEHRERIN

Ich habe bereits weiter oben den Fall von Sabine geschildert, die als Lehrerin in ein Burnout gekommen war. In einem unserer Gespräche kam sie auf ein Thema, das sie noch nie mit jemandem besprochen hatte: Zwei Jahre zuvor hatte sie in einer siebten Klasse einen 19-jährigen Schüler gehabt, der bereits zweimal sitzen geblieben war. Er war sehr groß und kräftig und wegen seiner Gewaltbereitschaft schon polizeiauffällig geworden. Nun stand er wieder kurz davor durchzufallen, und zwar in ihrem Fach. Einige Wochen vor der entscheidenden Prüfung war er nach dem Unterricht als einziger in der Klasse geblieben. Er hatte sich Sabine genähert und in freundlichem Tonfall gesagt: „Wie geht es denn übrigens Ihrer Tochter? Sie ist ja so ein hübsches Mädchen! Und sie wohnt ja in einer so schönen Gegend in der ...-Straße. Haben Sie denn nie Angst um sie, wenn sie abends weggeht? Übrigens – es wäre für mich sehr wichtig, die nächste Prüfung zu bestehen, das können Sie ja sicher gut verstehen." Mit diesen Worten blickte er ihr direkt in die Augen, drehte sich um und ging aus der Klasse.

Sabine war unfähig, sich zu bewegen und zu denken, völlig schockiert blieb sie mit offenem Mund stehen. An der Drohung, ihrer 17-jährigen Tochter etwas anzutun, wenn sie diesen Schüler durchfallen ließe, bestand kein Zweifel. Von da an ging sie immer mit einem Druck auf dem Herzen herum. Sie war völlig unbestechlich und hätte sich nie vorstellen können, einen Schüler absichtlich durchfallen oder durchkommen zu lassen. Gleichzeitig hatte sie so große Angst um ihre Tochter, dass sie es fast nicht aushielt, wenn diese mit ihren Freunden wegging. Sie traute sich auch nicht, mit jemandem darüber zu sprechen. Bei der Prüfung ließ sie den betreffenden Schüler tatsächlich völlig gegen ihre Überzeugung durch.

Als mir Sabine dies erzählte, atmete sie heftig, hatte ein rotes Gesicht, und die Tränen standen ihr in den Augen. Gleichzeitig griff sie sich auf die linke Brustseite und sagte: „Jetzt spüre ich auch wieder diesen Druck auf dem Herzen."

Ich erzählte ihr von der Methode, mittels Augenbewegungen belastende Gefühle zu verbessern, und sie willigte ein, es zu versuchen. Auf einer Skala von eins bis zehn gab sie an, diese Angst und den Schmerz derzeit auf der Stufe sieben zu empfinden. Wir setzten uns einander gegenüber, und ich bat sie, meinem Finger zu folgen und mir zu sagen, in welcher Blickrichtung ihre Gefühle stärker wurden. Bei ihr war es auf der rechten Seite unten.

Als sie dahin blickte, sagte sie: „Da ist wieder der ganze Schmerz!" Auf der Skala war sie nun bei Stärke neun angelangt und spürte sehr deutlich einen Druck in der linken Brustgegend. Ich bat sie, nun einfach weiter auf meinen Finger zu blicken, und mir ge-

legentlich zu berichten, wie es ihr ginge und was ihr durch den Kopf ging. Allmählich begann sie schneller zu atmen, ihre Augen wurden immer weiter, und sie sagte: „Jetzt ist er mir wieder ganz nah, er steht vor mir und schaut mich frech und gefährlich an. Ich fürchte mich so!"

Ich bat sie, weiter auf den Punkt zu blicken, und fragte sie nach ihren Gefühlen. Sie sagte: „Vor allem Angst um meine Tochter, aber auch große Scham, dass ich nichts unternommen habe." Nach ungefähr 20 Sekunden sagte sie: „Jetzt spüre ich allmählich immer mehr Wut auf ihn!" Während sie das sagte, ballte sie ihre Fäuste und richtete den Oberkörper auf.

„Ich stelle mir vor, wie ich gemeinsam mit meinem Mann zur Polizei gehe und dort erzähle, dass er versucht hat, mich mit der Gesundheit meiner Tochter zu erpressen. Mein Mann und ich werden unsere Tochter immer beschützen!"

Auf der Gefühlsskala waren wir mittlerweile bei fünf angelangt, und auch der Druck auf der Brust war schwächer geworden. Im Lauf dieser etwa 15-minütigen Übung flammte die Angst noch zweimal stark auf, um sich dann über Zorn und Wut allmählich in tiefe Ruhe zu wandeln. Am Schluss sagte Sabine: „Ich sehe nun meinen Mann, meine Tochter und mich Hand in Hand stehen, mit erhobenem Haupt und lächelnd. Wir lieben uns so sehr, und unsere Tochter ist eine starke junge Frau!" Der Druck auf der Brust war nun völlig verschwunden, Sabine saß aufrecht und lächelte erschöpft.

Beim nächsten Mal berichtete sie mir von einem Gefühl der Erleichterung, das sie nun begleite. Ihre depressive Stimmungslage habe sich merklich verbessert, sie habe auch ihrem Mann und ihrer Tochter erstmals von dem Erlebnis mit dem Schüler erzählt. Ihr Mann habe sie – ganz entgegen ihrer Befürchtung– darin bestärkt, dass sie damals das Richtige getan habe. Und ihre Tochter habe gesagt: „Mama, du brauchst um mich keine Angst zu haben, denn ich kann mich gut wehren und mich beschützen!"

Nach zwei Jahren war Sabine der schwere Stein vom Herzen gefallen.

Haben Sie schon einmal versucht, einen heißen Waschlappen auf Ihre Augen zu legen, sich zurückzulehnen und einfach zu genießen?

Erinnerungen des Körpers – Osteopathie und Craniosacraltherapie

Ilse hatte seit Monaten einseitige Kreuzschmerzen ohne offensichtliche Ursache. Ihr Hausarzt hatte ihr Osteopathie empfohlen. Bei der osteopathischen Behandlung der schmerzhaften Seite kamen ihr plötzlich die Tränen – sie erinnerte sich, dass sie mit 16 Jahren im Volleyballverein bei einem Trainingsmatch verknöchelt und einen Seitenbandeinriss im Knöchel mit sechs Wochen Gips erlitten hatte. Die eigentliche Erinnerung war, wie respektlos der Trainer in dieser Situation mit ihr umgegangen war: Er hatte sie angeschrien, sie solle sich nicht so anstellen. Seither hat sie nie wieder Volleyball gespielt …

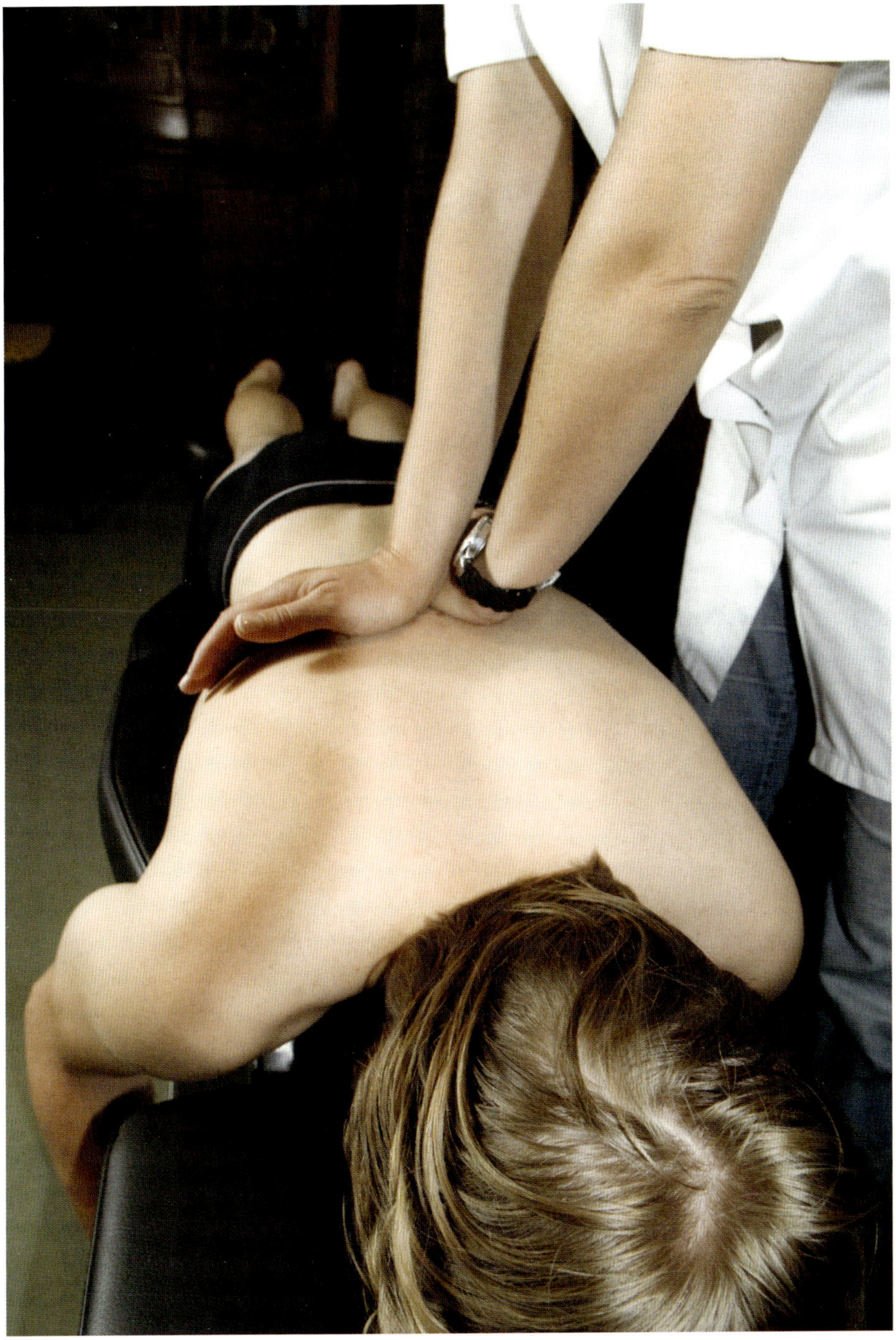

Wenn ein Trauma – körperlich oder seelisch – auf den Organismus einwirkt, kann dieser meist gut damit umgehen, die Energie ableiten und wieder heilen. Wenn das allerdings nicht funktioniert, kann es in einem bestimmten Bereich des Körpers zur Dekompensation kommen. Es entsteht ein Bewegungsmuster, das über längere Zeit bestehen bleibt und dazu dient, mit dem durch das unverarbeitete Trauma erhöhten Energiebedarf fertig zu werden. Auch wenn der Patient dies gar nicht wahrnimmt, bleibt dennoch eine Erinnerung an das Trauma im Körper und im Gewebe. Diese Erinnerung kann zutage treten, wenn mit entsprechenden Techniken und vor allem respektvoll an den Gewebestrukturen gearbeitet wird. Bei der Behandlung können die entstandenen Blockaden gelöst und wieder ein Ausgleich geschaffen werden. Besonders oft kommen bei der Arbeit am Brustkorb traurige Erinnerungen und alte Ängste zutage, die so abgeleitet und bearbeitet werden können.

Zum Glück kann sich der Körper auch an freudige und lustige Dinge erinnern – daher wird während einer osteopathischen Behandlung mitunter auch gelacht!

Als Sonderform der Osteopathie wird in der Craniosacraltherapie an dem System aus Nerven, Rückenmark, Nervenflüssigkeit, Bindegewebe und Knochen gearbeitet, das vom Kopf bis zum Kreuzbein reicht. Eine solche Behandlung hat oft eine besonders wirksame Entspannung zur Folge.

AUSSER KONTROLLE – ÜBER DEN KÖRPER MIT DER SEELE SPRECHEN

Eigentlich kam Herbert, ein 39-jähriger Lehrer, wegen seines Steißbeins zu mir: Zwei Wochen zuvor war er auf das Gesäß gestürzt und hatte seither starke Schmerzen im Bereich des Steißbeins. Da diese Schmerzen auch in die Beine ausstrahlten, hatte ihn sein Arzt zu mir als Neurologen geschickt. Ich konnte zwar neurologisch nichts Auffälliges finden, aber seine Geschichte war bemerkenswert: Er hatte in den Jahren davor massive Belastungen durch einen Hausbau, eine Verwüstung des Hauses durch Hochwasser, eine Trennung und durch mehrere Schlaganfälle seines Vaters gehabt. Drei Monate lang hatte er Panikattacken gehabt und war seit einem Monat wegen Burnout im Krankenstand. Als ich ihn nach weiteren Erkrankungen befragte, sagte er:

„Mein Körper ist total außer Kontrolle."

Er hatte in den Jahren zuvor sehr häufige Infekte gehabt (durchschnittlich acht Antibiotika-Therapien pro Jahr), auf beiden Seiten hatte er Kiefergelenksimplantate aufgrund Kiefergelenksschäden durch nächtliches Zähneknirschen (man könnte wohl sagen, dass er „die Zähne zusammengebissen hatte"); er hatte deutlich erhöhten Blut-

druck, massive Schlafstörungen und Albträume, seit zwei Jahren Herzrhythmusstörungen, eine nervöse Blase und Verstopfung; sexuelle Lust hatte er schon lange nicht mehr verspürt.

Da die Schmerzen im Steißbein deutlich im Vordergrund standen, schlug ich ihm vor, ihn an meine Frau Gabriele zu einer osteopathischen Behandlung weiterzuleiten. Ich hoffte, dass sich dadurch auch Ansätze ergeben würden, seine sonstigen Beschwerden zu verbessern. Hier möchte ich kurz den Ablauf von fünf osteopathischen Sitzungen in monatlichen Abständen schildern:

- *In der ersten Sitzung arbeitete meine Frau osteopathisch im Bereich des Beckenbodens und des Steißbeins und gab Herbert den Auftrag, dass seine Lebensgefährtin seine Lendenwirbelsäule und sein Gesäß massieren solle.*
- *Bei der zweiten Sitzung sagte Herbert: „Ich war total überrascht, es ging mir viel besser, und nach der ersten Behandlung hatte ich zwei Tage überhaupt keine Schmerzen im Steißbein.“ Inzwischen hatte er sich auch dazu entschlossen, eine Auszeit zu nehmen. Er hatte aber immer noch starke Verspannungen im Schulter- und Nackenbereich, Schlafstörungen, Herzrhythmusstörungen, Schweißausbrüche, Angstzustände und Bluthochdruck. Meine Frau Gabriele arbeitete diesmal vor allem mit einer bestimmten osteopathischen Technik im Bereich der oberen Halswirbelsäule, der Brustwirbelsäule und des Kreuzbeins, die die Balance des vegetativen Nervensystems fördern und den überaktiven Sympathikus hemmen sollte. Am Ende der Behandlung war Herberts Blutdruck im Normalbereich und Herbert perplex: Einen so niedrigen Blutdruck hatte er seit über einem Jahr nicht mehr gehabt.*
- *Bei der dritten Sitzung sagte Herbert, dass es ihm sehr gut ginge, er nahm mittlerweile ein mildes Blutdruckmedikament, hatte aber immer noch Angstattacken. Gabriele arbeitete daher vor allem im Bereich des Brustkorbes mit ihm.*
- *In der vierten Sitzung versuchte Gabriele, Herberts Energiefluss mithilfe der Craniosacraltechnik auszugleichen. Während dieser Sitzung begann Herbert plötzlich zu weinen. Er erzählte, wie sehr er immer darunter gelitten habe, dass sein Vater Alkoholiker gewesen sei und er schon als Kind sehr große Verantwortung für seine Geschwister übernommen habe. Das hatte er bisher niemandem erzählt.*
- *Als er einen Monat später zur fünften Sitzung kam, sagte er, dass er keine Angstattacken mehr habe. Sein Blutdruck war mit dem milden Medikament leicht einstellbar. Er schlief viel besser und fühlte sich so energievoll wie schon lange nicht mehr.*

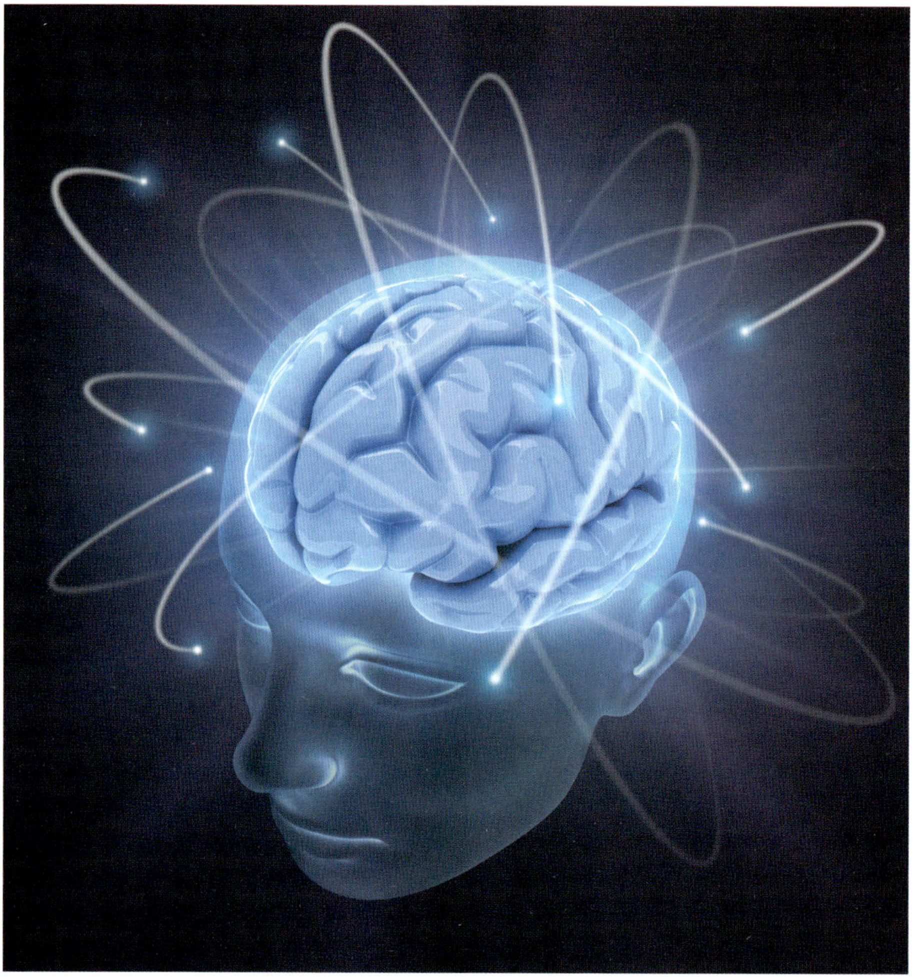

Die innere Landkarte

Unser Gehirn ist wie eine Landkarte aufgebaut. Wir wissen, dass es spezifische Areale in unserem Großhirn für die Steuerung von Bewegungen, für das Fühlen von Berührung, für unsere Sprache, für Sehen und Hören, aber auch für Planung und fürs „Nachdenken" gibt. Auch die tiefer liegenden Gehirnregionen – Zentren für Gefühle und Steuerung unbewusster Körperfunktionen – sind sehr genau strukturiert, und alle diese Bereiche hängen in einer bestimmten räumlichen Anordnung zusammen. Diese Anordnung ist einerseits durch unsere Erbanlagen festgelegt, entwickelt sich aber andererseits erst durch die bereits im Mutterleib beginnende und die ganze Kindheit dauernde Selbstorganisation und Reifung unseres Gehirns anhand dessen Interaktion mit der äußeren Welt.

So sind auch unsere Erfahrungen, unser Wissen, aber auch unsere Gefühle, Wünsche und Träume im Gehirn gleichsam wie in einer Landkarte angeordnet. Eine solche Landkarte hat gegenüber unserer Sprache einen entscheidenden Vorteil: In einem Bild bzw. in einer Karte können mehrere Dinge und deren Beziehung zueinander gleichzeitig sichtbar gemacht werden. Demgegenüber können wir mit unserer Sprache immer nur ein Wort nach dem anderen sagen.

In meiner Arbeit nütze ich diese inneren Landkarten besonders gerne, denn sie haben zwei weitere wichtige Vorteile: Wenn ich mit meinen Klienten spreche, so ist vor allem deren linke – und damit die rationale – Gehirnhälfte aktiv. Das bedeutet, dass ich sehr viele Informationen bekomme, die meinen Klienten bewusst sind. In der Darstellung der inneren Landkarte kommen wir jedoch gemeinsam oft zu Zusammenhängen und Empfindungen, die dem Bewusstsein meiner Klienten noch gar nicht zugänglich waren – aber oft gerade deswegen umso wichtiger für das Erleben und Verhalten eines Menschen sein können.

Ein weiterer Vorteil ist, dass ich die innere Landkarte nicht nur auf Papier zeichnen, sondern mithilfe von beschrifteten Karten, Gegenständen oder sogar anderen Personen im Raum „aufstellen" kann. In Form der so genannten Familienaufstellungen hat diese Methode bereits seit den Siebzigerjahren des vorigen Jahrhunderts viel Beachtung gefunden. Ich persönlich nütze sie sehr gerne, um mit den Menschen die für sie wichtigen Themen – Gefühle, Ängste, Konflikte, Symptome, Visionen oder auch Stärken – räumlich sichtbar und die Zusammenhänge zwischen diesen Themen fühlbar und erfahrbar zu machen.

So erhalte ich ein Bild davon, wie diese Themen in einer Person „abgebildet" sind und welche Zusammenhänge zwischen bestimmten Themen für diese Person wichtig sind. Außerdem kann ich gemeinsam mit meinen Klienten diese Landkarten Schritt für Schritt verändern, ich kann sie auf verschiedene Positionen der Landkarte stellen und sie so erfahren lassen, wie sich eine bestimmte Position anfühlt. Entwicklungen und Veränderungen der Landkarte, die wir in einer Sitzung vornehmen, werden dadurch für die Person mit mehreren Sinnen erlebbar und können besonders gut verankert werden – um diese Veränderungen Schritt für Schritt auch im realen Leben nachvollziehbar zu machen.

Die Möglichkeiten dieser Methode sind zu vielfältig, um sie hier ausführlich zu schildern. Ich verwende sie zum Sichtbarmachen von Zielen, bei schwierigen Entscheidungen zwischen zwei Alternativen, bei der Betrachtung von Symptomen und Erkrankungen oder auch zur Klärung von Beziehungen zwischen verschiedenen Personen, um nur einige Beispiele zu nennen.

Im Folgenden möchte ich Ihnen von einer Klientin erzählen, bei der ich die Methode der inneren Landkarte mit einer Skala kombiniert habe:

IRGENDETWAS HÄLT MICH ZURÜCK

Bettina, eine 45-jährige Krankenschwester, hatte das Gefühl, in ein Burnout geraten zu sein. Sie hatte keine Energie mehr und war oft nahe am Weinen. Neben der beruflichen Belastung – sie hatte vor einem halben Jahr von 20 auf 40 Stunden aufgestockt, und im Team gab es einige Konflikte – war sie allein erziehende Mutter von drei Kindern. Sie war erschöpft, hatte oft Kopfschmerzen und Bauchschmerzen sowie immer wieder ein Engegefühl in der Brust. Als ich sie fragte, was ihre Erwartung an mich war, sagte sie: „Ich möchte wissen, was ich tun kann, um wieder ins Gleichgewicht zu kommen, ich möchte wieder in Balance sein!"

Ich legte mithilfe von zwei Karten eine Skala von eins bis zehn im Raum auf, die für die Balance im Leben von Bettina stand. Als ich sie bat, sich selbst einzuschätzen, stellte sie sich auf den Wert „zwei bis drei". Befragt, wie es sich dort anfühlte, antwortete sie: „Kalt und starr."

Auf die Frage, wo sie gerne stünde, sagte sie ganz spontan: „Auf zehn natürlich!"

Als ich sie auf die „zehn" stellen ließ, fühlte sich diese Position für sie warm und sicher an, sie atmete erleichtert durch. Nun fragte ich sie, welche Botschaft sie ihrem „Alter Ego", das ja auf zwei bis drei stand, aus dieser Position geben würde. Sie antwortete: „Höre auf dein Inneres!" (Bild 1)

Nun ließ ich sie wieder an die alte Position stellen und fragte sie, was ein erster Schritt zur Verbesserung ihrer Balance sein könnte. Sie antwortete: „Ich spüre, dass ich es kann, aber irgendetwas hält mich zurück."

Ich nahm eine Karte und schrieb darauf: „Das, was mich zurückhält". Ich fragte sie, wo diese Karte in Relation zu ihrer eigenen Position liegen solle. Sie sagte: „Es ist wie ein Ring um mich herum, aus dem ich nicht heraussteigen kann."

Nun legte ich mithilfe mehrerer Karten einen „Ring" um sie herum, der einen Durchmesser von etwa 80 Zentimeter hatte. Als ich sie fragte, was nun anders sei, sagte sie: „Irgendwie fühlte sich das gar nicht schlecht an, es hat etwas mit Sicherheit zu tun." (Bild 2)

Dennoch hatte sie den Impuls, aus dem Ring in Richtung „zehn" hinauszusteigen, und ich ermutigte sie, diesen Schritt zu machen. Als sie über den Ring gestiegen war und auf der Skala somit ungefähr auf „vier" stand, sagte sie: „Das fühlt sich gut an! Ich bin

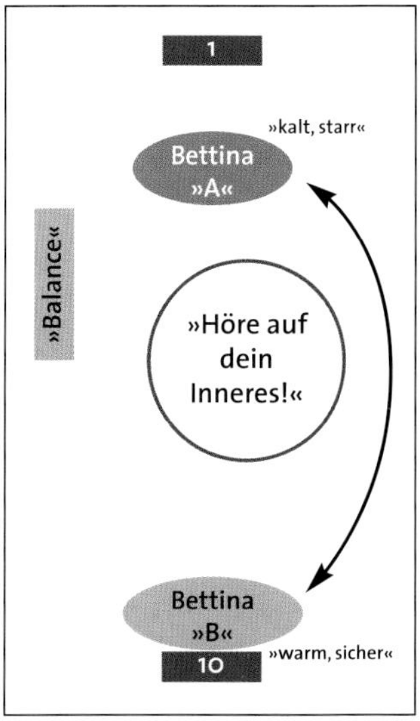

Bild 1

Bild 2

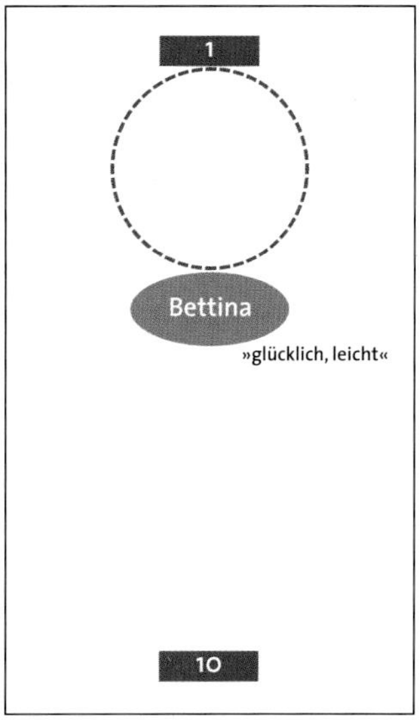

Bild 3

sehr erleichtert und glücklich, das Alte hinter mir gelassen zu haben. Dadurch dass mir an dieser Position das Alte noch so nahe ist, spüre ich das Glück noch deutlicher als vorhin, als ich auf ‚zehn' stand!"

Bettina nahm dieses Bild in sich auf, und in den folgenden Stunden sprachen wir viel über ihre Wünsche, ihre Stärken und ihre Neugierde. In den folgenden Monaten kümmerte sie sich aktiv um eine neue Stelle als Gesundheitstrainerin, in der sie sich wesentlich mehr zuhause und wohler fühlte als in ihrem ursprünglichen Beruf. Sie hatte in ihrem Leben „das, was sie zurückhielt" hinter sich gelassen, war aus dem Ring herausgetreten und spürte nun das Glück, in Richtung ihres eigenen Lebensweges unterwegs zu sein.

Zurück in die Zukunft

Angenommen wir begegnen uns in einem halben Jahr zufällig auf der Straße, und Sie erzählen mir: „Ich kann nun mit meinem Stress wesentlich besser umgehen als vor einem halben Jahr!" Dann blicken wir gemeinsam zurück:

- Was war der erste Schritte dorthin?
- Was haben Sie nach dem ersten Schritt anders gemacht?
- Und wer außer Ihnen hat diesen Schritt bemerkt und woran?

VOM SCHNELLZUG INS LAVENDELFELD

Als Michaela zu mir kam, hatte ich das Gefühl, als säße ich mit ihr im Hochgeschwindigkeitszug. Sie redete so schnell, dass ich keine Pausen fand, um nachzufragen oder dem Gespräch mit einer Frage eine andere Richtung zu geben. Sie erzählte mir, wie sehr der Job sie belaste, mit welchen der Kolleginnen und Kollegen es Konflikte gäbe, worum es dabei ging, wie erschöpft sie nach der Arbeit sei, worüber sie letzten Abend geweint habe, wie lieb sie ihre Eltern habe und wie verzweifelt sie sei, da sie unbedingt in diesem Job so viel arbeiten müsse, um all ihre Ziele zu erreichen.

Sie arbeitete in der Elektronikbranche, und ihr Aufstieg in dem großen Unternehmen, in dem sie für die Osteuropa-Expansion zuständig war, schien klar vorgezeichnet und musste unbedingt erreicht werden.

Irgendwann, nachdem sie mich mit immer neuen Details und Verzweigungen ihrer Problematik vertraut gemacht hatte, gelang es mir doch, eine Frage zu stellen: „Wenn wir hier im Raum eine Karte stellvertretend für Ihre derzeitige Situation auflegen und an einer anderen Stelle eine Karte für das, was Sie erreichen möchten, wo würden Sie diese beiden Karten hinlegen?"

Sie blickte erstaunt und nahm zögernd die beiden Karten in die Hand. Dann legte sie die erste Karte zu ihren Füßen und die zweite ziemlich weit davon entfernt an eine Stelle, wo viel freier Platz war. Ich fragte sie: „Wie fühlt es sich an, dorthin, auf Ihre Vision, zu blicken, was sehen Sie?"

Sie atmete tief durch und antwortete: „Dort ist ein Lavendelfeld! Ich liebe die Provence seit meiner Kindheit!" Zum ersten Mal in unserem Gespräch schien sie mir nicht mehr in Hochgeschwindigkeit unterwegs.

Ich ließ sie auf die Position in ihrem „Lavendelfeld" stellen. Dort verspürte sie Ruhe und Leichtigkeit, wie sie sie schon lange vermisst hatte.

Nun fragte ich sie: „Wenn Sie von hier aus zurückblicken auf die Zeit, als Sie zum ersten Mal zu mir kamen, und den Weg von dort bis zu Ihrem Lavendelfeld betrachten: Wie sieht dieser Weg aus, ist es eine Straße, ein Wanderweg, geht er bergauf oder bergab, wo steht die Sonne?"

Sie sagte: „Es ist kein gerader Weg, er hat Kurven und Schlingen, am Anfang geht er bergauf, dann wird er flacher und leichter zu gehen."

Nun fragte ich: „Und wenn Sie den Weg davor betrachten (also die Zeit, die vor unserer ersten Sitzung lag), wie sieht dieser Weg aus?"

„Auch dieser Weg ist geschlungen, es gab immer wieder Zeiten, in denen ich nicht geradlinig voranging, die für mich aber immer eine wichtige Entwicklung darstellten. Auch meine Zeit in Wien (sie war seit sechs Monaten in Wien und davor in mehreren anderen Städten tätig gewesen) ist eine solche Schwingung, an der ich gerade mit gesenktem Kopf stehe und noch nicht weiß, was ich tun soll."

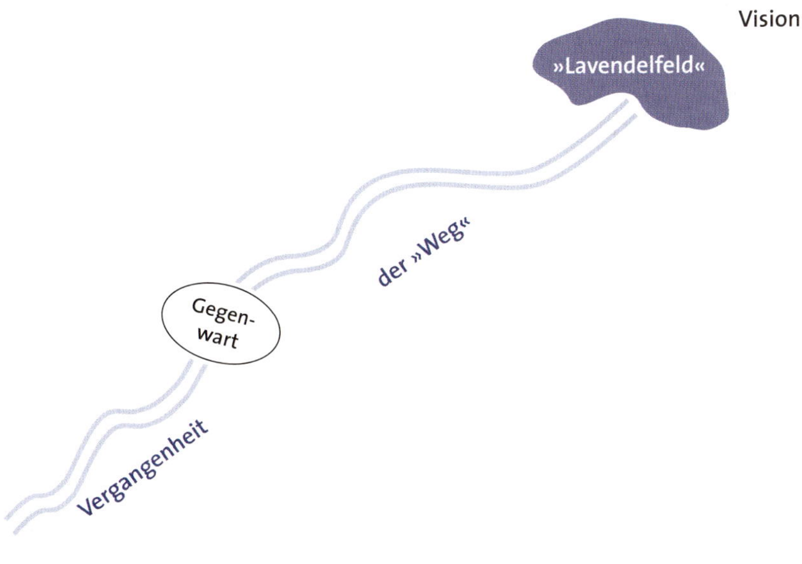

Wie brachten es in dieser Sitzung noch nicht auf eine konkrete Maßnahme, die Michaela treffen konnte. Sie stand sprichwörtlich „mit gesenktem Kopf" an ihrer Position. Rückblickend war dies auch gut so, da sie zu diesem Zeitpunkt noch zu wenig wusste, was sie wirklich wollte. Es war damals auch ein Schutz für sie, da ihre rationalen Anteile ihr eine Karriere in dem Elektronikunternehmen aufdrängten, andere, unbewusste Teile in ihr jedoch ganz genau spürten, dass dies nicht ihr Weg war. So hatten ihr Körper

und ihre Seele ihr durch Energielosigkeit und Stimmungsschwankungen signalisiert, dass sie besser innehalten solle – aber das erkannte Michaela erst nach mehreren weiteren Gesprächen, als sie zu spüren begann, wie wichtig ihr ihre künstlerischen Anteile waren. Sie hatte neben ihrem Wirtschaftsstudium jahrelang Cello in einem Quartett gespielt und dies vor einigen Jahren aufgegeben.

Doch schon in dieser ersten Sitzung wurde ihr erstmals deutlich, dass weder ihr bisheriger Lebensweg noch ihr weiterer Weg so gerade waren, wie sie gedacht hatte. Der Blick aus der Zukunft zurück in Verbindung mit dem Bild ihrer inneren Landkarte, ihrer eigenen Entwicklung, hatten sie sehen und spüren lassen, dass es immer wieder Kurven und schwierige Entwicklungsschritte gibt – und dass sie sich letztlich nicht in der Führungsposition eines großen Elektronikunternehmens, sondern in einem eigenen Geschäft oder einem kleinen Unternehmen in Deutschland oder Frankreich zusammen mit einem Mann und ihren Kindern – eben in ihrem Lavendelfeld – sah.

Worauf möchten Sie am Ende Ihres Berufslebens zurückblicken?

Und wenn Sie das tun – wie wird Ihr Weg dorthin rückblickend wohl aussehen?

Wie eine Autobahn oder vielmehr wie ein oftmals geschlungener, manchmal wunderschöner und manchmal auch steiniger Fußweg?

Wer oder was ist Ihnen auf diesem Weg begegnet, wie haben Sie diesen Weg geschafft, was hat Ihnen immer wieder Kraft gegeben?

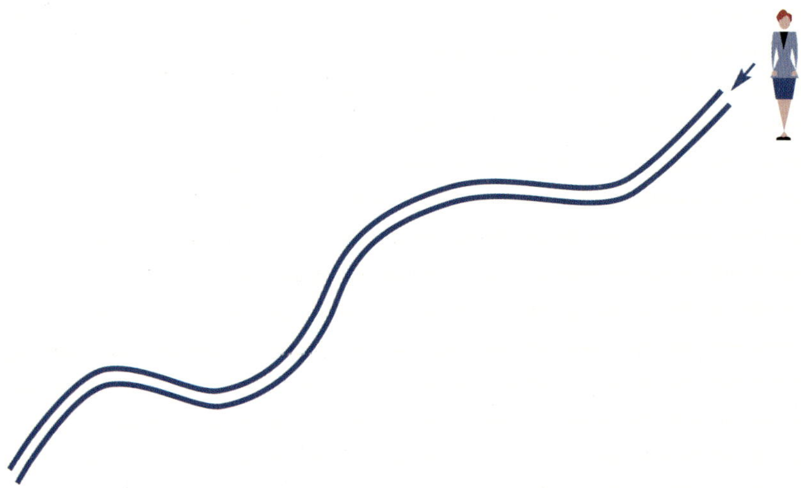

Die Macht der inneren Bilder

Genaues Zuhören ist eine meiner wichtigsten Methoden. Denn nur so kann ich wirklich mit den Vorstellungen, Bildern und Visionen arbeiten, die mein Gegenüber hat. Das erlaubt es mir auch immer wieder, diese inneren Bilder gemeinsam mit meinen Klienten weiterzuentwickeln, Geschichten darum zu spinnen und so die Phantasie für neue Zusammenhänge, Schritte und Lösungsmöglichkeiten anzuregen. Alles, was ich dazu brauche, steckt bereits in den Menschen, die zu mir kommen! Ich helfe nur manchmal dabei, es freizulegen ...

IN EINEM WUNDERSCHÖNEN GARTEN

Als mich Barbara telefonisch kontaktierte, klang es sehr dringend: „Ich habe gleich einen Nervenzusammenbruch, habe Panikattacken, meine Gedanken kreisen ständig, und ich kann in den letzten Tagen überhaupt nicht schlafen! Könnten Sie mir heute noch einen Termin geben?!“

Glücklicherweise schaffte ich es, Barbara noch am selben Tag zu sehen. Es war wirklich viel zusammengekommen: Sie war 28, hatte seit Monaten zunehmenden beruflichen Druck, versorgte ihren zehnjährigen Sohn, und sie und ihr Mann hatten sich kurz zuvor getrennt. Außerdem sollte sie für ihr berufsbegleitendes Studium in zwei Monaten ihre Diplomarbeit abgeben.

Schon seit Monaten litt sie unter einer gedrückte Stimmungslage und wenig Antrieb sowie massiven Schlafstörungen, oft schlief sie nachts nur zwei Stunden. Barbara war offensichtlich in eine Depression gerutscht, wahrscheinlich aufgrund zu vieler Belastungen, von denen einige (wie die Trennung) auch sehr emotional waren. Da sie mir glaubhaft versicherte, trotz der großen Belastung keinerlei Gedanken zu haben, ihr Leben zu beenden, wagte ich eine ambulante Behandlung.

Am Ende des ersten Gesprächs verordnete ich ihr eine milde begleitende Medikation zur Schlafförderung und Beruhigung sowie ein mildes Antidepressivum. Dennoch war mir klar, dass die Medikamente bestenfalls eine Begleitung, aber nicht die Lösung von Barbaras Problemen darstellen könnten.

Im zweiten Gespräch fragte ich Barbara, woran sie merken würde, dass sich die Situation wieder bessert. Sie sagte: „Dann würde wieder alles auf Schiene laufen!“

Diese Gelegenheit ließ ich mir nicht entgehen und blieb weiter in dem von ihr verwendeten Bild („auf Schiene laufen“). Ich fragte sie: „Angenommen, alles würde wieder auf Schiene laufen und Sie sitzen in diesem Zug ... wo steigen Sie aus, wenn Sie an Ihrem

Ziel angekommen sind, wie sieht es dort aus?" „Dann bin ich mit meinem Sohn in einem wunderschönen Garten!", antwortete Barbara, und ihre Augen begannen zu glänzen, über ihre Wangen huschte eine leichte Röte.

Und so machte ich mich mit ihr gemeinsam daran, die Zugstrecke bis zu dem wunderschönen Garten zuerst mit den wesentlichen Haltestellen und dann immer genauer und konkreter zu planen. Die wichtigsten Haltestellen waren: die Diplomarbeit schreiben, die noch anstehenden Dinge mit dem Vater ihres Sohnes klären (darunter sowohl finanzielle als auch emotionale Themen), sich beruflich besser abgrenzen und ihrem Sohn wieder mehr Zeit geben.

Wir nutzten den gesamten Raum, um die Zugstrecke mit improvisierten Gegenständen aufzulegen, und so wurde auch deutlicher, welche Streckenabschnitte besonders schwierig werden würden und was Barbara dazu brauchen würde, um diese gut zu bewältigen. Als die gesamte Zugstrecke vor uns lag, schien von Barbara eine große Last abgefallen zu sein. Zum ersten Mal seit Monaten sah sie den weiteren Weg und das weitere Vorgehen klar vor sich und hatte das Gefühl, dass sie es bewältigen könnte.

Ich ließ sie auch auf jede Haltestelle hinstellen, und der Fortschritt mit jeder weiteren dieser Haltestellen war für sie auch körperlich stark spürbar. Waren am Anfang der Strecke ihre Füße noch schwer, ihr Kopf ganz dumpf und ihre Brust beengt, so gewann sie entlang der Strecke zunehmende Leichtigkeit, ein warmes Gefühl machte sich in ihrem Bauch breit, und sie konnte zum ersten Mal seit langem wieder richtig durchatmen. In den nächsten Gesprächen hielten wir uns an diesen „Fahrplan", und so durfte ich Barbara Schritt für Schritt auf dem Weg in ihren wunderschönen Garten begleiten.

Ich weiß, es wird einmal ein Wunder geschehen

Wenn Sie dieses Buch heute beiseitelegen und Ihrem weiteren Alltag nachgehen – vielleicht müssen Sie noch etwas erledigen, Sie werden vielleicht etwas essen, abends etwas trinken (Tee oder Wein?), und irgendwann werden Sie zu Bett gehen –, wenn Sie also dieses Buch oder ein anderes beiseitelegen, dann machen Sie das Licht aus und schlafen ein ... Und in der Nacht, während Sie schlafen, kommt eine Fee, eine Wunderfee. Ich weiß, heutzutage ist es schwierig, an Wunder zu glauben, aber lassen Sie es uns einmal versuchen ... Diese Fee löst alle Ihre Sorgen, Probleme und Belastungen (derentwegen Sie vielleicht auch dieses Buch gekauft haben). Doch Sie schlafen ja, und merken gar nicht, dass die Fee da ist.

Wenn Sie morgen in der Früh aufwachen – und Sie wissen gar nicht, dass die Fee da war –, woran werden Sie zuallererst merken, dass das „Wunder" geschehen ist?

Was ist das Erste, das Sie anders machen?

Was ist noch anders?

Und wer wird als Erster an Ihnen bemerken, dass das Wunder geschehen ist?

Ich wäre jetzt gerne bei Ihnen, um Ihnen die vielen Fragen zu stellen, die die Merkmale des Wunders beleuchten. Ich würde gerne Ihre Körperhaltung dabei sehen, Ihre Atmung, vielleicht ein kleines Blinzeln in Ihren Augen oder eine zarte Röte auf Ihren Wangen, wenn Sie sich das Wunder vorstellen. Und ich könnte Sie auch fragen: „Und wenn nur ein Teil dieses Wunders passieren könnte, was wäre es wohl?" Wie können Sie diesen Teil des Wunders verwirklichen, wo liegt Ihr Einflussbereich, und was wäre anders, wenn dieser Teil des Wunders passieren würde?"

Heutzutage glauben wir nicht mehr an Wunder. Und tatsächlich treten Wunder nur selten auf – sonst wären sie ja keine. Doch wenn wir uns entführen lassen in ein Land, in dem Wunder wirklich möglich sind, dann denken wir vielleicht erstmals darüber nach, was dieses Wunder für uns tatsächlich ausmachen würde, wie wir uns anders fühlen würden, was wir dann anders machen und woran wir diese Veränderung wirklich bemerken würden.

Gerade in Zeiten großer Belastung oder vielleicht sogar Hoffnungslosigkeit können wir Wunder besonders gut gebrauchen. So nütze auch ich immer wieder die Vorstellungskraft der Menschen, die zu mir kommen, verführe sie, an ihre Wünsche zu denken, entführte sie in ein „Wunder-Land". Und wenn mir die Menschen erzählen, was das Wunder für sie ausmacht, dann höre ich besonders genau zu und schreibe getreulich alles mit, was ich höre. Und siehe da: Meistens ergibt sich daraus ein Blumenstrauß an Möglichkeiten, Ideen und Lösungsansätzen, den wir dazu nutzen können, Schritt für Schritt dieses Wunder Wirklichkeit werden zu lassen.

EIN WUNDER-BEISPIEL

Angelika war seit 22 Jahren in einem Marketingunternehmen angestellt und seit Jahren für die interne Kommunikation zuständig. „Ich habe immer nur gearbeitet", sagte sie beim Erstgespräch. Seit etwa einem Jahr sei sie immer am Wochenende krank, habe keine Kraft, keine Ziele und keine Lebensfreude mehr. „Ich funktioniere nur mehr", sagte sie.

Angelika hatte das Gefühl, sich ständig um alles kümmern zu müssen, zu allen freundlich sein zu müssen – obwohl es ihr selbst gar nicht gut ging. Noch dazu fühlte sie sich von ihrem Chef nicht unterstützt, und ihre mangelnden Englisch-Kenntnisse waren für sie in dem internationalen Unternehmen eine große psychische Belastung.

- *„Ich habe Schuldgefühle";*
- *„Ich bin nicht gut genug";*
- *„Ich bin nie zufrieden mit mir";*
- *„Ich bin schuld";*
- *„Ich bin getrieben";*
- *„Ich wüsste, was mir gut tut, aber ich kann mich dazu nicht aufraffen";*

das waren nur einige ihrer Formulierungen in unserem Erstgespräch. Angelika erzählte auch, dass ihre Mutter Depressionen habe: „Sie leidet immer." Ihr Vater sei streng gewesen und habe ständig Leistung gefordert, auch ihr Bruder sei ein Workaholic. Außerdem rauche sie 20 Zigaretten pro Tag und trinke jeden Abend drei bis vier Gläser Rotwein.

„Wenn Ihr Problem eine Überschrift hätte, wie würde diese lauten?", fragte ich. „Ich kriege es nicht mehr auf die Reihe", antwortete sie.

„Und wenn es für die Lösung auch eine Überschrift gäbe, wie hieße die wohl?"

Rasch sagte Angelika: „Mehr Zeit für mich!"

Nun versuchte ich Folgendes: „Angelika, ich würde Ihnen gerne eine Frage stellen, die viel Vorstellungskraft erfordert. Nach unserem Gespräch heute werden Sie nachhause gehen ..." Ich stellte ihr also die Wunderfrage (siehe S. 135).

Am Ende fragte ich: „Woran würden Sie zuallererst merken, dass das Wunder geschehen ist?"

Angelika, die während der „Wunderfrage" nachdenklich geworden und sichtlich bewegt war, antwortete: „Ich freue mich auf den Tag ... ich spüre Leichtigkeit, bin gut aufgelegt ... Ich teile mir die Arbeitswoche anders ein ... beim Aufwachen blicke ich aus dem Fenster und gehe auf die Terrasse an die frische Luft. Ich pfeife und ziehe mir etwas Schönes an, frühstücke bewusster und gehe ohne diesen Druck ins Büro. Mein Motto lautet „Das schaffe ich", und den Vormittag verbringe ich entspannter ... mittags nehme ich mir Zeit für eine Pause, ich plane regelmäßig mit meinem Team einen Jour fixe ein ... ich gehe früher heim, mache Sport und gönne mir eine Massage, ich tue etwas für mich und meinen Körper, und – ganz wichtig – ich unternehme etwas mit meinem Mann ...!"

Die Wunderfrage hatte in Angelika binnen weniger Minuten Gedanken und Gefühle hervorgerufen, denen sie schon lange nicht mehr so nah gewesen war.

Am Schluss fragte ich: „Wenn nur ein Teil dieses Wunders wahr werden würde, welcher wäre das wohl?"

„Ich nehme mir ein paar Tage – nur für mich!", sagte Angelika spontan. Und den restlichen Teil des Gesprächs verbrachten wir damit, genau zu planen, wann sie sich diese Tage in der nächsten Zeit nehmen würde, was sie machen würde und wie sie sich darauf vorbereiten würde ...

Wenn Sie in fünf Jahren
dieses Buch nochmals zur Hand nehmen
und dabei auf die vergangenen fünf Jahre
zurückblicken – was möchten Sie sehen?
Wie sollen diese letzten fünf Jahre verlaufen
sein? Und was war Ihr erster Schritt,
diese so zu gestalten?

Literatur

BURISCH, M.: Das Burnout-Syndrom: Theorie der inneren Erschöpfung. Springer Verlag 2009. Interessierte LeserInnen finden hier eine sehr ausführliche Darstellung des Burnout-Syndroms unter Einbeziehung wissenschaftlicher Aspekte.

KALUZA, G.: Gelassen und sicher im Stress. Springer Verlag 2007. Ein sehr ausführliches und fundiertes Buch zum besseren Umgang mit Stress.

KIEFER/LALOUSCHEK: Stressfood. Kneipp-Verlag 2009. Hier finden Sie neben Tipps zum besseren Umgang mit Stress vor allem viele Informationen zum Thema Stress und Ernährung und viele Rezepte.

MASLACH, C./LEITER, M. P./LIDAUER, B.: Die Wahrheit über Burnout: Stress am Arbeitsplatz und was Sie dagegen tun können. Springer Verlag 2008. Ein Standardwerk von einer der führenden Burnout-Forscherinnen.

NAGY, T./TOMASCHEK, H./RATHJEN, D./LALOUSCHEK, W. UND ANDERE: Coaching am Rande des Burnout. Ein sehr praxisnahes und anschauliches Buch zum Umgang mit Burnout.

SPITZER, M.: Multitasking – Nein danke! Nervenheilkunde. 2009; 28: 577–581 Nervenheilkunde. Ein sehr interessanter Artikel von einem führenden Neurobiologen und Psychiater Deutschlands (im Internet verfügbar unter: www.medienverantwortung.de/wp.../NHK_12-09_EditorialMultitasking.pdf).

STANGL, W.: Arbeitsblätter zur wissenschaftlichen Psychologie: Sehr vielfältige anregende Beiträge zu verschiedenen psychologischen Themen, unter anderem auch zu Stress, Angst oder Schlaf. Im Internet unter http://arbeitsblaetter.stangl-taller.at/.

Detox

bedeutet »Entgiften«, also seinen Körper von schädlichen Stoffen befreien. Was – und mit welchen Folgen – unsere Entgiftungsorgane Leber und Nieren belastet und das Immunsystem schwächt, wird in diesem Buch erklärt. Anhand neuester wissenschaftlicher Erkenntnisse beschreibt der Autor, welche Nahrungsmittel die besten Detox-Waffen gegen freie Radikale sind. Zusätzliche Empfehlungen beziehen sich auf die Bereiche Sport, Vitalstoffe, Stressmanagement und das Meiden von Umweltbelastungen. Der passionierte Lifestyle-Mediziner Christian Matthai informiert in seinem neuen Buch über Detox-Möglichkeiten, die durch wertvolle Tipps, eigens von ihm kreierte Rezepte und Detox-Pläne einfach in den Lebensalltag integriert und in die Praxis umgesetzt werden können.

Dr. Christian Matthai

Detox your Life

Wie Sie Ihren Körper beim Entgiften unterstützen und sich von Belastungen befreien

144 Seiten, farbig, Softcover mit Klappen

ISBN 978-3-7088-0479-8

EUR 17,95

Bestellen Sie unter www.kneippverlag.com

»Ein bisschen glücklicher bitte ...
... da schöpfen Sie Hoffnung!«

Nikolaus Harnoncourt bei der Orchesterprobe

Univ.-Prof.
Dr. Wolfgang Lalouschek

theTree Interdisziplinäres Gesundheitszentrum

Fasholdgasse 3/7 | A – 1130 Wien
www.thetree.at
office@thetree.at
01 90 89 901

Liebe Leserin, lieber Leser!

Ich habe versucht, Ihnen in diesem Buch einige nützliche Informationen zum Umgang mit Stress und zur Vermeidung von Burnout zu geben. Ich hoffe, dass Sie zusätzlich auch einige Eindrücke von meiner Arbeitsweise gewinnen konnten. Für weiterführende Informationen besuchen Sie doch auch die Homepage unseres Gesundheitszentrums The Tree unter www.thetree.at oder senden Sie uns eine E-Mail unter office@thetree.at. Wir freuen uns auch über ein persönliches Gespräch!

Ihr Wolfgang Lalouschek